The Big Guitar Chord Songbook

The Sixties

Exclusive distributors:
Music Sales Limited
8/9 Frith Street, London W1B 3JB, England.
Music Sales Pty Limited
120 Rothschild Avenue, Rosebery, NSW 2018,
Australia.

Order No. AM970354
ISBN 0-7119-8844-7
This book © Copyright 2002 by Wise Publications.

Music arrangements by Rikky Rooksby.
Music processed by The Pitts.

Printed in the United
Caligraving Limited, Th

www.musicsa

Your Guarantee of Quality:
As publishers, we strive to produce every book
to the highest commercial standards.
While endeavouring to retain the original running
order of the recorded album, the book has been
carefully designed to minimise awkward page turns
and to make playing from it a real pleasure.
Particular care has been given to specifying acid-free,
neutral-sized paper made from pulps which have not
been elemental chlorine bleached. This pulp is from
farmed sustainable forests and was produced with
special regard for the environment.
Throughout, the printing and binding have been
planned to ensure a sturdy, attractive publication
which should give years of enjoyment. If your copy
fails to meet our high standards, please inform us
and we will gladly replace it.

e catalogue describes
is available in full colour
from Music Sales Limited.
of interest and send a
or £1.50 for postage to:
l, Newmarket Road,
, Suffolk IP33 3YB.

London, Tokyo

Relative Tuning

The guitar can be tuned with the aid of pitch pipes or dedicated electronic guitar tuners which are available through your local music dealer. If you do not have a tuning device, you can use relative tuning. Estimate the pitch of the 6th string as near as possible to E or at least a comfortable pitch (not too high, as you might break other strings in tuning up). Then, while checking the various positions on the diagram, place a finger from your left hand on the:

5th fret of the E or 6th string and **tune the open A** (or 5th string) to the note (A)

5th fret of the A or 5th string and **tune the open D** (or 4th string) to the note (D)

5th fret of the D or 4th string and **tune the open G** (or 3rd string) to the note (G)

4th fret of the G or 3rd string and **tune the open B** (or 2nd string) to the note (B)

5th fret of the B or 2nd string and **tune the open E** (or 1st string) to the note (E)

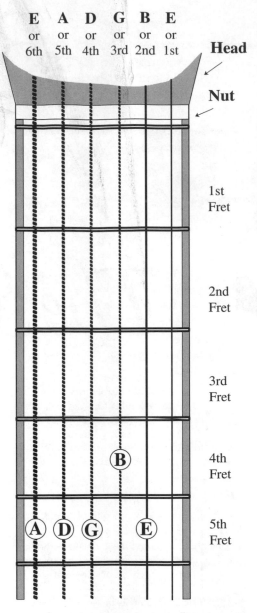

Reading Chord Boxes

Chord boxes are diagrams of the guitar neck viewed head upwards, face on as illustrated. The top horizontal line is the nut, unless a higher fret number is indicated, the others are the frets.

The vertical lines are the strings, starting from E (or 6th) on the left to E (or 1st) on the right.

The black dots indicate where to place your fingers.

Strings marked with an O are played open, not fretted. Strings marked with an X should not be played.

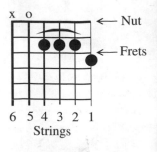

The curved bracket indicates a 'barre' – hold down the strings under the bracket with your first finger, using your other fingers to fret the remaining notes.

All Along The Watchtower

Words & Music by
Bob Dylan

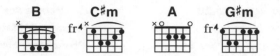

Tune guitar down a semitone

Intro   B C#m 𝄆: C#m B A | B C#m :𝄇 *Play 4 times*

Verse 1

   C#m   B   A   B
"There must be some kind of way out of here,"
   C#m   B   A   B
Said the joker to the thief,
   C#m   B   A   B
"There's too much confusion,
   C#m   B   A   B
I can't get no relief.
   C#m   B A   B
Businessmen, they drink my wine,
   C#m   B   A   B
Plowmen dig my earth,
   C#m   B   A   B
None will level on the line
   C#m   B   A
Nobody of it is worth."
   B
Hey, hey.

Solo 1 𝄆: C#m B | A B | C#m B | A B :𝄇

Verse 2

   C#m   B   A   B
"No reason to get excited,"
   C#m   B   A   B
The thief he kindly spoke,
   C#m   B   A B
"There are many here among us
   C#m   B   A   B
Who feel that life is but a joke.

cont.

C#m   B   A   B
But you and I, we've been through that

C#m   B   A B
And this is not our fate,

C#m   B   A   B
So let us not talk falsely now,

C#m   B   A
The hour's getting late."

B
Hey.

Solo 2   𝄆 C#m B♭ | A B | C#m B | A B   𝄇 *Play 8 times*

Verse 3

C#m B   A   B
All along the watchtower

C#m   B   A   B
Princes kept the view

C#m   B   A   B
While all the women came and went,

C#m   B   A B
Barefoot servants, too. But, huh,

C#m   B   A   B
Outside in the cold distance

C#m   B   A   B
A wild cat did growl,

C#m   B   A B
Two riders were approachin',

          C#m B   A
And the wind began to howl.

B
Hey.

Outro   𝄆 C#m B | A B | C#m B | A B   𝄇

          𝄆 C#m G#m | A G#m | C#m G#m | A G#m 𝄇 *Repeat to fade*
                                                         with vocal ad libs.

Alone Again Or

Words & Music by
Brian MacLean

D   Dsus4   Gadd9/D   Em6/9   F#m

F#   G   Em   A   Bm   G/A

Intro

| D   Dsus4 | Gadd9/D | Gadd9/D | Em6/9 | Em6/9 |

| F#m | F#m | Em6/9 | Em6/9 | F#m | Em6/9 | F#m | Em6/9 ‖

Verse 1

F#   G
Yeah, said it's all right,
            F#
I won't forget
           Em   A   D   Bm
All the times I've waited patiently for you.
A   Bm   F#   G
And you'll do just what you choose to do
    A G/A A G/A A   G   Bm
And I   will be a - lone again tonight my (dear.)

Link 1

| D   Dsus4 | Gadd9/D | Gadd9/D | Em6/9 | Em6/9 |
  dear.

| F#m | F#m | Em6/9 | Em6/9 | F#m | Em6/9 | F#m | Em6/9 ‖

Verse 2

F#   G
Yeah, I heard a funny thing,
            F#
Somebody said to me
          Em   A   D   Bm
You know that I could be in love with almost everyone.
A   Bm   F#   G
I think that people are the greatest fun
    A G/A A G/A A   G   Bm
And I   will be a - lone again tonight my (dear.)

Link 2 | D   Dsus⁴ | G add⁹/D | G add⁹/D | Em⁶/₉ | Em⁶/₉ |

dear.

| F#m | F#m | Em⁶/₉ | Em⁶/₉ | F#m | Em⁶/₉ | F#m | Em⁶/₉ ‖

Instrumental | F# | F# | G | G | F# | F# | Em | A |

| D | Bm | A | Bm | F# | G | G |

| A   G/A A | A G/A A G/A | G   Bm D ‖

Link 3 | D   Dsus⁴ | G add⁹/D | G add⁹/D | Em⁶/₉ | Em⁶/₉ |

| F#m | F#m | Em⁶/₉ | Em⁶/₉ | F#m | Em⁶/₉ | F#m | Em⁶/₉ ‖

Verse 3

F#   G
Yeah, I heard a funny thing,
                     F#
Somebody said to me
                      Em   A   D   Bm
You know that I could be in love with almost everyone.
A   Bm   F#   G
I think that people are the greatest fun
      A G/A A G/A A   G   Bm
And I   will be a - lone again tonight my (dear.)

Outro | D | G add⁹/D | G add⁹/D |

dear.

| Em⁶/₉ | Em⁶/₉ | Em⁶/₉ | Em⁶/₉ | Em⁶/₉ ‖

Back In The USSR

Words & Music by
John Lennon & Paul McCartney

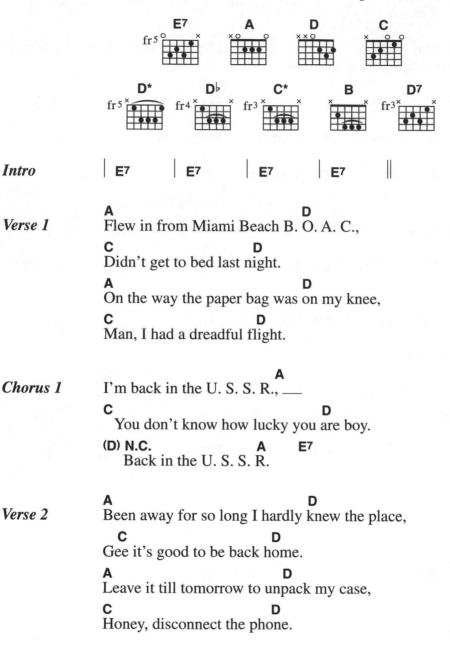

Intro | E⁷ | E⁷ | E⁷ | E⁷ ||

Verse 1
A
Flew in from Miami Beach B. O. A. C.,   **D**
C
Didn't get to bed last night.   **D**
A
On the way the paper bag was on my knee,   **D**
C
Man, I had a dreadful flight.   **D**

Chorus 1
                    A
I'm back in the U. S. S. R., ___
C   **D**
  You don't know how lucky you are boy.
(D) N.C.   **A**   **E⁷**
  Back in the U. S. S. R.

Verse 2
A   **D**
Been away for so long I hardly knew the place,
  C   **D**
Gee it's good to be back home.
A   **D**
Leave it till tomorrow to unpack my case,
C   **D**
Honey, disconnect the phone.

Chorus 2

                         A
I'm back in the U. S. S. R., ___

C   D
  You don't know how lucky you are boy.

(D) N.C.   A
  Back in the U.S., back in the U.S., back in the U. S. S. R. ___

Bridge 1

                    D
Well the Ukraine girls really knock me out,

         A
They leave the West behind,

        D*   Db   C*   B
And Moscow girls make me sing and shout

        E7   D7   A   E7
That Georgia's always on my mi-mi-mi-mi-mi-mi-mi-mind.

Solo

‖: A | D | C | D   :‖

Chorus 3

                         A
I'm back in the U. S. S. R., ___

C   D
  You don't know how lucky you are boys.

(D) N.C.   A
  Back in the U. S. S. R. ___

Bridge 2   As Bridge 1

Verse 3

A   D
Show me round your snow-peaked mountains way down south,

C   D
Take me to your daddy's farm.

A   D
Let me hear your balalaikas ringing out,

C   D
Come and keep your comrade warm.

Chorus 4

                         A
I'm back in the U. S. S. R., ___

C   D
  You don't know how lucky you are boy.

(D) N.C.   A
  Back in the U. S. S. R. ___

                    E7   A
Oh, let me tell you honey.

Play 3 times

‖: A | A   :‖ A   ‖

Born To Be Wild

Words & Music by
Mars Bonfire

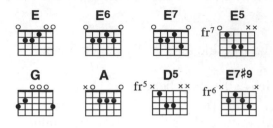

Intro   ‖: E | E   E6 E7 | E | E   E6 E7 :‖

Verse 1

E5
Get your motor running,   **E6 E7**

E5   **E6 E7**
Head out on the highway,

E5   **E6 E7**
Looking for adventure

E5   **E6 E7**
And whatever comes our way.

Pre-chorus 1

G   A   E7
  Yeah, darling, go and make it happen,

G   A   E7
  Take the world in a love embrace,

G   A   E7
  Fire all of your guns at once and

G   A   E7
  Explode into space.

Verse 2

E5   **E6 E7**
I like smoke and lightning,

E5   **E6 E7**
Heavy metal thunder.

E5   **E6 E7**
Racing with the wind

    E5   **E6 E7**
And the feeling that I'm under.

Pre-chorus 2   As Pre-chorus 1

Chorus 1

     E
Like a true Nature's child

       G
We were born, born to be wild.

      A
We can climb so high,

G   E5
 I never want to die.

E5   (D5) E5 D5
Born to be wild.

E5   (D5) E5 D5
Born to be wild.

Organ solo ‖: E | E | E | E :‖

      ‖: E7♯9 | E7♯9 | E7♯9 | E7♯9 :‖

      | E | E | E | E | E N.C. | N.C. ‖
                        Drum fill

Verse 3   As Verse 1

Pre-chorus 3 As Pre-chorus 1

Chorus 2 As Chorus 1

Coda

E5   (D5) E5 D5
Born to be wild.

E5   (D5) E5 D5
Born to be wild.

    ‖: E | E | E | E :‖

    | E7♯9 | E7♯9 | E7♯9 | E7♯9 | E7♯9 ‖
                  Fade out

Catch The Wind

Words & Music by
Donovan Leitch

C*   Fadd9   G   C   F

G7   Em   D/F#   G/B   G/E   G/F

Capo third fret
Tune guitar slightly sharp

Intro | C* | C* | Fadd9 G | C* | Fadd9 | C* | C* ||

Verse 1
        C*   Fadd9
In the chilly hours and minutes
     C   F
Of uncertainty, I _ want to be
C*   Fadd9 G   C* | C* | G7 | G7 |
In the warm hold of your lovin' mind,
     C*   Fadd9
To feel you all around me
      C   F
And to take your hand along the sand,
C*   Fadd9 G   C* | Fadd9 | C* | C* ||
Ah, but I may as well try and catch the wind.

Verse 2
        C*   Fadd9
When sundown pales the sky,
     C   F
I want to hide a while behind your smile
C*   Fadd9   G   C* | C* | G7 | G7 |
And everywhere I'd look, your eyes I'd find.
      C*   Fadd9
For me to love you now
       C   F
Would be the sweetest thing, t'would make me sing,
C*   Fadd9 G   C* | Fadd9 | C* | C* ||
Ah, but I may as well try and catch the wind.

Instrumental | F | F | Em | Em | F | F |

| D/F# | D/F# | G/B | G/E | G/F | G/E ‖

Verse 3

      C*   Fadd9
When rain has hung the leaves with tears

C   F
I want you near to kill my fears,

C*   Fadd9 G   C* | C* | G7 | G7 |
To help me to leave all my blues behind.

 C*   Fadd9
For standin' in your heart

         C*   C F
Is where I want to be and long to be,

C*   Fadd9 G   C* | Fadd9 | C* | C* ‖
Ah, but I may as well try and catch the wind.

Solo | C* | C* | Fadd9 | Fadd9 | C* | C* | F | F |

| C* | C* | Fadd9 | G | C* | C* | G7 | G7 |

| C* | C* | Fadd9 | Fadd9 | C* | C* | F | F |

| C* | C* | Fadd9 | G | C* | Fadd9 | C* | C* |

Outro | C* | C* | Fadd9 | Fadd9 | C* | C* | F | F |

         C*   Fadd9 G   C* | Fadd9 | C* ‖
Ah, but I may as well try and catch the wind.

Cathy's Clown

Words & Music by
Don Everly

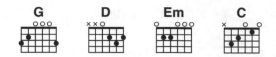

Intro
```
| G   D  | G   D  | G   D  ||
```

Chorus 1

G N.C.   G   D G D   G   D
   Don't want your love _____ anymore,

G   D   G D G D   G   D
   Don't want your ki - - sses, that's for sure.

G   D   Em   C   D
   I die each time I hear this sound:

 N.C.   G   D G   D   G   D G
"Here he comes, _____ that's Cathy's clown."

Verse 1

N.C.   G C G   C   G   C
I've gotta stand tall,   you know a man can't crawl,

G   C
   But when he knows you're telling lies

     Em   C
And he hears them passing by

    D   G   C G
He's not a man at all.

Chorus 2

N.C.   G   D G D   G   D
Don't want your love _____ anymore,

G   D   G D G D   G   D
   Don't want your ki - - sses, that's for sure.

G   D   Em   C   D
   I die each time I hear this sound:

 N.C.   G   D G   D   G   D G
"Here he comes, _____ that's Cathy's clown."

Verse 2

```
               N.C.                    G   C
               When you see me shed a tear
               G          C            G   C
                  And if you know that it's sincere _____
               G            C
                  Now don't you think it's kinda sad
                        Em            C
               That you're treating me so bad
                    D          G      C G
               Or don't you even   care?
```

Chorus 3

```
               N.C.          G     D G D    G   D
               Don't want your love _____ anymore,
               G      D        G  D G D       G    D
                  Don't want your ki - - sses, that's for  sure.
               G  D      Em              C        D
                  I die each time I hear this   sound:
                N.C.     G     D G       D     G      D G
               "Here he comes, _____ that's Cathy's clown."
```

Coda

```
                         D     G      D  G
               ‖: "That's Cathy's clown."      :‖   *Repeat to fade*
```

Chimes Of Freedom

Words & Music by
Bob Dylan

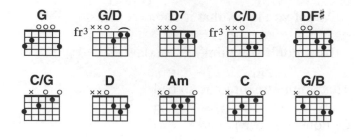

Intro ‖ G ‖

Verse 1

G/D   **D7**   **G/D**   **C/D** **G**
  Far between sundown's finish and midnight's broken toll,

  G/D   **C/D**   **G/D**   **D/F♯**   **G**   **C/G G**
We ducked inside the doorway as thunder went crashing.

    G/D   **C/D**   **G/D**   **C/D G/D**   **C/D**
As majestic bells of bolts struck shadows in the sounds,

G/D   **C/D G/D**   **D/F♯**   **G**   **C/G G**
Seeming to be the   chimes of freedom flashing.

D   **G**   **C/G G**
Flashing for the warriors whose strength is not to fight,

C/G   **G**   **Am**   **D7**
Flashing for the refugees on the unarmed road of flight,

    G   **D7**   **G**   **C/G**
And for   each and every underdog soldier in the night.

    G   **D7**   **G**   **C/G G**
And we gazed upon the chimes of freedom flashing.

Verse 2

     G/D   **C/D**   **G/D C/D G/D**   **C/D**
Through the city's melted furnace, unexpectedly we watched

   G/D C/D   **D/F♯**   **G**   **C/G G**
With faces hidden as the walls were tightening.

    G/D   **C/D**   **G/D**   **C/D**   **G/D C/D**
As the echo of the wedding bells before the blowing rain

  G/D   **C/D D/F♯**   **G**   **C/G G**
Dissolved into the bells of the lightning.

    D   G
Tolling for the rebel, tolling for the rake,

C/G   G   Am   D7
Tolling for the luckless,   the abandoned and forsaked,

G   C/G   G   C/G
Tolling for the outcast burning constantly at stake,

          G   C   G/B D7   G   C/G G
And we gazed upon the chimes of   freedom flashing.

Verse 3

               G/D   C/D   G/D C/D   G/D   C/D
Through the mad, mystic hammering of the wild, ripping hail,

      G/D C/D   D/F♯   G   C/G G
The sky   cracked its poems in naked wonder,

              G/D   C/D   G/D C/D G/D   C/D
That the clinging of the church bells blew far into the breeze

          G/D C/D   D/F♯   G   C/G G
Leaving only bells of lightning and its thunder.

D   G
   Striking for the gentle, striking for the kind,

C/G   G   Am   D
Striking for the guardians and protectors of the mind,

         G   D7   G   C/G
And the poet and the painter far behind his rightful time,

         G   C   D7   G   C/G G
And we gazed upon the chimes of freedom flashing.

Verse 4

               G/D   C/D   G/D   C/D   G/D C/D
In the wild cathedral evening, the rain unraveled tales

               G/D   C/D   D/F♯   G   C/G G D7
For the disrobed faceless forms of no position.

G/D   C/D   G/D   C/D   G/D   C/D
Tolling for the tongues, with no place to bring their thoughts

      G/D   C/D   D/F♯   G   C/G G
All down in taken-for-granted situations.

D   G
Tolling for the deaf and blind, tolling for the mute,

          C/G   G   Am   D
For the mistreated, mateless mother, the mistitled prostitute,

         G   D7   G   C/G
For the misdemeanor outlaw, chained and cheated by pursuit,

         G   C   D7   G   C/G
And we gazed upon the chimes of freedom flashing.

Link 1 | D | G | G | G | G   ‖

Verse 5

         G/D   **C/D**   **G/D**   **C/D**   **G/D**   **C/D**
Even though a cloud's white curtain in a far-off corner flared

         G/D   **C/D**   **D/F♯**   **G** **C/G** **G**
And the hypnotic splattered mist was slowly lifting,

         G/D   **C/D**   **G/D**   **C/D**   **G/D C/D**
Electric light still struck like arrows, fired but for the ones

      G/D   **C/D**   **D/F♯**   **G**   **C/G** **G**
Condemned to drift, or else be kept from drifting.

D   **G**
Tolling for the searching ones, on their   speechless, seeking trail,

    C/G   **G**   **Am**   **D7**
For the lonesome-hearted lovers with too personal a tale,

  G   **D**   **G**   **C/G**
And for each unharmful, gentle soul misplaced inside a jail,

    G   **C**   **D7**   **G**   **C/G** **G** **D7**
And we gazed upon the chimes of freedom flashing.

Link 2

| **G/D** | | **C/D** | | **G/D** | | **C/D** **G/D** **C** | **G** | |

| **C/G** **D7** | **C** **C/G** | **G** | | **G** | | **G** | ‖

Verse 6

G/D   **C/D**   **G/D**   **C/D**   **G/D** **C/D**
Starry-eyed and laughing, as I recall, when we were caught,

G/D   **C/D**   **D/F♯**   **G**   **C/G** **G**
Trapped by no track of hours, for they hanged suspended

       G/D   **C/D**   **G/D**   **C/D**   **G/D** **C/D**
As we listened one last time and we watched with one last look,

G/D   **C/D**   **D/F♯**   **G**   **C/G** **G**
Spellbound and   swallowed 'til the tolling ended.

D   **G**
Tolling for the aching whose wounds cannot be nursed,

    C/G   **G**
For the countless confused, accused, misused,

Am   **D7**
  Strung-out ones and worse,

    G   **D7**   **G**   **C/G**
And for every hung-up person in the whole wide universe,

    G   **C**   **G/B** **D7**   **G**   **C/G** **D7** **G**
And we gazed upon the chimes of   freedom flashing.

Crazy

Words & Music by
Willie Nelson

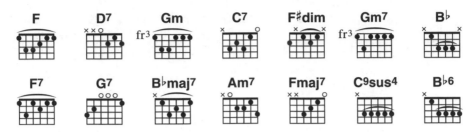

Verse 1

    F   D7   Gm
Crazy, crazy for feelin' so lonely,

       C7   F   F#dim Gm7 C7
I'm crazy, crazy for feelin' so blue. _____

F   D7   Gm
I knew you'd love me as long as you wanted,

Gm7   C7
And then someday,

                       F   Bb F7
You'd leave me for somebody new. _____

Verse 2

Bb   F
Worry, why do I let myself worry?

G7   C7 Gm7 C7
Wond'rin'… what in the world did I do? _____

F   D7   Gm
Crazy, for thinkin' that my love could hold you,

       Bbmaj7 Am7
I'm crazy for tryin',

Gm7   Fmaj7
Crazy for cryin'

N.C.   Gm7   C9sus4 C7 F   Bb6 F
And I'm crazy for lo - - - vin' you! _____

Dance To The Music

Words & Music by
Sylvester Stewart

G	F	C	C/G	G7	F/G	E♭7

fr 4

Intro

G
Dance, get on up and dance to the music!

Get on up and dance to the music!

Link 1 | G   F | C | G   F | C   ‖

Chorus 1

G   C/G
Dance to the music,
G   C/G
Dance to the music,
G   C/G
Dance to the music,
G   C/G
Dance to the music,

Hey Greg! What?

Verse 1

G   C/G
All we need is a drummer,
   G   C/G
For people who only need a beat, yeah.

| **Drums for 4 bars**   ‖

Verse 2

(G)   (C/G)
I'm gonna add a little guitar
                 (G)   (C/G)
And make it easy to move your feet.

| **Guitar for 4 bars**   ‖

Verse 3

(G)
I'm gonna add some bottom

So that the dancers just won't hide.

| G⁷ | G⁷ | G⁷ | G⁷ ‖

Verse 4

(G)
You might like to hear my organ,

I said "Ride, Sally, ride".

| F/G | F/G C/G G⁷ | G⁷ | C/G ‖
        Cynthia! What? Jerry! What?

Verse 5

 G   C/G
If I could hear the horns blowin'
G   C/G
Cynthia on the throne, yeah!

| E♭⁷ | E♭⁷ | E♭⁷ | E♭⁷ ‖
       Listen to me!

Verse 6

G   C/G
Cynthia and Jerry got a message they're sayin'
G   C/G
All the squares, go home!

| G C/G | G C/G | G C/G | G C/G |

| G C/G | G C/G | G C/G | G   C/G ‖
         Listen to the voices!

Link 2 ‖: G F | C | G F | C :‖

Chorus 2

 G C/G G C/G
‖: Dance to the music,
 G C/G G C/G
Dance to the music. :‖ *Repeat to fade*

Dancing In The Street

Words & Music by
Marvin Gaye, Ivy Hunter & William Stevenson

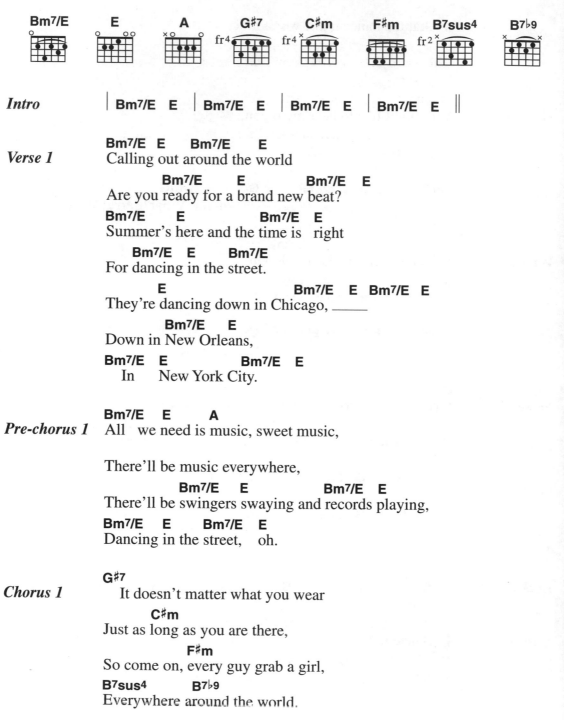

Intro | Bm⁷/E E | Bm⁷/E E | Bm⁷/E E | Bm⁷/E E ||

Verse 1

Bm⁷/E E   Bm⁷/E   E
Calling out around the world

            Bm⁷/E   E   Bm⁷/E E
Are you ready for a brand new beat?

Bm⁷/E   E   Bm⁷/E E
Summer's here and the time is   right

      Bm⁷/E E   Bm⁷/E
For dancing in the street.

            E   Bm⁷/E E Bm⁷/E E
They're dancing down in Chicago, _____

            Bm⁷/E   E
Down in New Orleans,

Bm⁷/E E   Bm⁷/E E
  In   New York City.

Pre-chorus 1

Bm⁷/E   E   A
All   we need is music, sweet music,

There'll be music everywhere,

            Bm⁷/E   E   Bm⁷/E E
There'll be swingers swaying and records playing,

Bm⁷/E E   Bm⁷/E E
Dancing in the street,   oh.

Chorus 1

G♯7
    It doesn't matter what you wear

        C♯m
Just as long as you are there,

        F♯m
So come on, every guy grab a girl,

B⁷sus4   B7♭9
Everywhere around the world.

Verse 2

             Bm⁷/E   E
They'll be dancing,

Bm⁷/E   E   Bm⁷/E E Bm⁷/E E
  They're dancing in the street.

          Bm⁷/E   E   Bm⁷/E   E
This is an invi - tation across the   nation,

      Bm⁷/E   E   Bm⁷/E E
  A chance for folks to meet.

           Bm⁷/E   E   Bm⁷/E   E
There'll be laughter, singing, and music   swinging,

Bm⁷/E   E   Bm⁷/E
Dancing in the street.

        E   Bm⁷/E   E   Bm⁷/E
Philadephia, P.A., (dancing in the street),

        E   Bm⁷/E   E
Baltimore and D.C. now, (dancing in the street),

Bm⁷/E   E   Bm⁷/E   E
  Can't forget the Motorcity (dancing in the street).

Pre-chorus 2   As Pre-chorus 1

Chorus 2   As Chorus 1

Coda

            Bm⁷/E   E Bm⁷/E   E   Bm⁷/E E
They're dancing,   they're dancing in the street.

Bm⁷/E   E   Bm⁷/E E   Bm⁷/E
  Way down in L.A.   every day

                 E   Bm⁷/E E
They're dancing in the street.

Bm⁷/E   E   Bm⁷/E E   Bm⁷/E
  Let's form a big strong line,   get in time:

                E   Bm⁷/E E
We're dancing in the street.

Bm⁷/E   E   Bm⁷/E   E
  Across the ocean blue,   me and you.

                               Fade out

Daydream

Words & Music by
John Sebastian

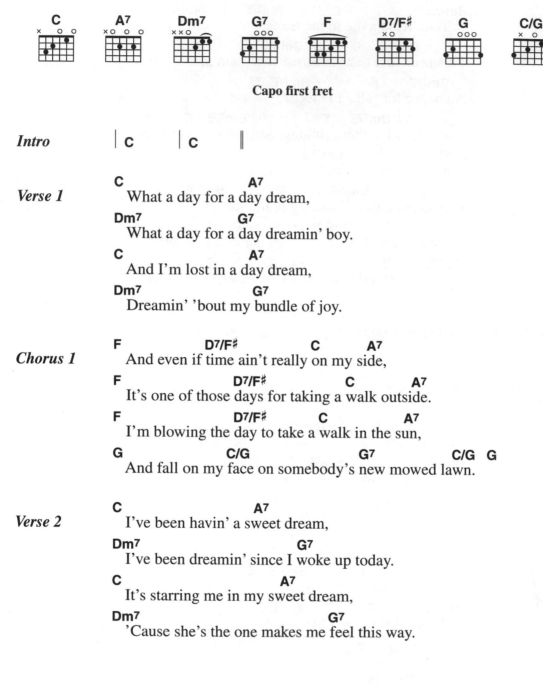

C   A7   Dm7   G7   F   D7/F#   G   C/G

Capo first fret

Intro | C | C   ‖

Verse 1

   C   A7
What a day for a day dream,

Dm7   G7
What a day for a day dreamin' boy.

C   A7
And I'm lost in a day dream,

Dm7   G7
Dreamin' 'bout my bundle of joy.

Chorus 1

F   D7/F#   C   A7
And even if time ain't really on my side,

F   D7/F#   C   A7
It's one of those days for taking a walk outside.

F   D7/F#   C   A7
I'm blowing the day to take a walk in the sun,

G   C/G   G7   C/G G
And fall on my face on somebody's new mowed lawn.

Verse 2

   C   A7
I've been havin' a sweet dream,

Dm7   G7
I've been dreamin' since I woke up today.

C   A7
It's starring me in my sweet dream,

Dm7   G7
'Cause she's the one makes me feel this way.

Chorus 2

F   D7/F♯   C   A7
And even if time is passin' me by a lot,

F   D7/F♯   C   A7
I couldn't care less about the dues you say I_ got.

F   D7/F♯   C   A7
Tomorrow I'll pay the dues for dropping my load,

G   C/G   G7   C/G   G
A pie in the face for being a sleepy bull toad.

Instrumental ‖: C | A7 | Dm7 | G7   :‖

Chorus 3

F   D7/F♯   C   A7
And you can be sure that if you're feelin' right,

F   D7/F♯   C   A7
A day dream will last along into the night.

F   D7/F♯   C   A7
Tomorrow at breakfast you may prick up your ears,

G   C/G   G7   C/G   G
Or you may be day dreamin' for a thousand years.

Verse 3

C   A7
What a day for a day dream,

Dm7   G7
Custom made for a day dreamin' boy.

C   A7
And I'm lost in a day dream,

Dm7   G7
Dreamin' 'bout my bundle of joy.

Instrumental ‖: F   D7/F♯ | C   A7 :‖   *Repeat to fade with ad lib whistling*

Days

Words & Music by
Ray Davies

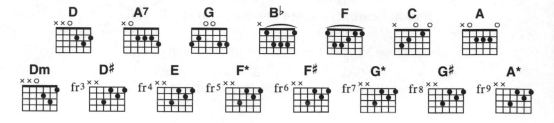

Intro | D | D ‖

Chorus 1

D   A⁷
  Thank you for the days,

       G   D   G   D   A⁷
Those endless days, those sacred days you gave me.

D   A⁷
  I'm thinking of the days,

      G   D   G   D   A⁷
I won't forget a single day, believe me.

D   G   D
  I bless the light,

      G   D   G   D   A⁷
I bless the light that lights on you believe me.

D   G   D
  And though you're gone,

      G   D   G   D   A⁷   D
You're with me every single day, believe me.

Verse 1

   B♭   F   C
Days I'll remember all my life,
   B♭   F   C
Days when you can't see wrong from right.
      B♭   F
You took my life,
      B♭ F   B♭ F   C
But then I knew that very soon you'd leave me,
F   B♭   F
   But it's all right,
      B♭   F   B♭ F   C   F
Now I'm not frightened of this world, believe me.

            A A7   Dm
Bridge   I wish today   could be tomorrow,
            A   A7
The night is dark,
           Dm   C   B♭ A
It just brings sorrow let it wait.

                 D   A7
Chorus 2   Thank you for the days,
         G   D   G   D   A⁄
Those endless days, those sacred days you gave me.
D   A7
   I'm thinking of the days,
   G   D G   D   A7   D
I won't forget a single day, believe me.

Verse 2

B♭   F   C
Days I'll remember all my life,
B♭   F   C
Days when you can't see wrong from right.
      B♭   F
You took my life,
      B♭   F   B♭ F   C
But then I knew that very soon you'd leave me,
F   B♭   F
   But it's all right,
      B♭   F   B♭   F   C   F
Now I'm not frightened of this world, believe me.
A
Days.

Chorus 3

                   D   A7
Thank you for the days,
      G   D   G   D   A7
Those endless days, those sacred days you gave me.
D   A7
   I'm thinking of the days,
  G   D G   D   A7
I won't forget a single day, believe me.
D G   D
   I bless the light,
  G   D   G   D   A7
I bless the light that shines on you believe me.
D G   D
   And though you're gone,
     G   D   G   D   A7   D
You're with me every single day, believe me.
      D♯ E F* F♯ G* G♯ A* D
Days.

Debora

Words & Music by
Marc Bolan

G   C   D   G6/D   Em   G6/F♯   A7

Capo third fret

Intro | G | G |

G
    Dugaredug, and dugaredug, redug,

Dugaredug, and dugaredug, redug,

Dugaredug, and dugaredug, redug,

Dugaredug, and dugaredug.

Verse 1

        G
Oh, Debora, always look like a zebra.
      C   D
Your sunken face is like a galleon,
C   D
Clawed with mysteries of the Spanish main,
      G
Oh Debora.

Chorus 1

G
Dugaredug, and dugaredug, redug,
G6/D Em G6/F♯ Em G6/D G   C
Da,   da, da,   da,   da,   Debora.
                            G
Dugaredug, and dugaredug, redug,
G6/D Em G6/F♯ Em G6/D G
Da,   da, da,   da,   da,   da, da.
A7   G
Na na na na na, na na na na na, ____

Dugaredug, and dugaredug, redug,

Dugaredug, redugaredug.

Verse 2

         G
Oh, Debora, always dressed like a conjurer,

   C   **D**
It's fine to see your young face hiding

C   **D**
'Neath the stallion that I'm riding,

G
Debora.

Chorus 2

G6/D **Em** **G6/F♯** **Em** **G6/D** **G**
Da,   da, da,   da,   da,   da, da,

C   **G**
Dugaredug, and dugaredug, redug,

G6/D **Em** **G6/F♯** **Em** **G6/D** **G**
Da,   da, da,   da,   da,   da, da.

A7
Na na na na na, na na na na na,

Na na na na na, na na na na na,

Oh, Debora, oh, Debora.

Chorus 3

G6/D **Em** **G6/F♯** **Em** **G6/D** **G**
Da,   da, da,   da,   da,   da, da,

C   **G**
Dugaredug, and dugaredug, redug,

G6/D **Em** **G6/F♯** **Em** **G6/D** **G**
Da,   da, da,   da,   da,   da, da.

A7
Na na na na na, na na na na na,

          G
Sshhh. _____

Bridge

   G
   Dugaredug, and dugaredug, redug,

Dugaredug, redugaredug, redug,

Dugaredug, redugaredug, redug

Dugaredug, redugaredug.

Verse 3

G
Oh, Debora, you look like a stallion.

Oh, Debora, you look like a stallion.

C   **D**
Your sunken face is like a galleon

C   **D**
Clawed with mysteries of the Spanish main,

G
Oh Debora.

Chorus 4

G6/D Em G6/F♯ Em G6/D G
Da,   da, da,   da,   da,   da, da,

C   **G**
Dugaredug, and dugaredug, redug,

G6/D Em G6/F♯ Em G6/D G
Da,   da, da,   da,   da,   da, da.

C
Dugaredug, and dugaredug, redug,

Dugaredug, and dugaredug, redug,

Dugaredug, and dugaredug, redug.

A7
Na na na na na, na na na na na,

Na na na na na, na na na na na,

                                G
Oh, Debora, oh, Debora.

Chorus 5

G6/D Em G6/F♯ Em G6/D G
Da,   da, da,   da,   da,   da, da,

C   **G**
Dugaredug, and dugaredug, redug,

G6/D Em G6/F♯ Em G6/D G
Da,   da, da,   da,   da,   da, da.

A7
Na na na na na, na na na na na,

        G
Sshhh. ____ *Fade out*

Dizzy

Words & Music by
Tommy Roe & Freddy Weller

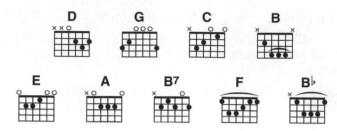

Intro		`| D G	C G	D G	C G	D N.C.	N.C. ||`

Drum fill

Chorus 1

D   G B   E   A   B   B7
Dizzy,   I'm so dizzy my head is spinning:

          E   A   B
Like a whirlpool it never ends,

B7   E   A   B
  And it's you girl making it spin.

         B7   F B♭ | C B♭ ||
You're making me dizzy.

Verse 1

       F   B♭
First time that I saw you girl

    C   B♭   F B♭ | C B♭ ||
I knew that I just had to make you mine,

      F   B♭
But it's so hard to talk to you

     C   B♭   F B♭ | C B♭ ||
With fellas hanging round you all the time.

C
I want you for my sweet pip

    B♭
But you keep playing hard to get:

    F   A
I'm going round in circles all the time.

Chorus 2

      D   G B   E   A   B   B7
Dizzy,   I'm so dizzy my head is spinning:
           E   A   B
Like a whirlpool it never ends,
B7   E   A   B
  And it's you girl making it spin.
         B7   F   B♭ | C   B♭ ‖
You're making me dizzy.

Link 1

     | F   B♭ | C   B♭ | F N.C. | N.C.   ‖
                      Drum fill

Verse 2

     F   B♭
I finally got to talk to you
           C   B♭   F B♭ | C B♭ ‖
And I told you just exactly how I felt,
F   B♭
Then I held you close to me,
       C   B♭   F B♭ | C B♭ ‖
And kissed you and my heart began to melt.
C
Girl you've got control of me
      B♭
'Cause I'm so dizzy I can't see,
   F   A
I need to call a doctor for some help.

Chorus 3

D   G B   E   A   B   B7
Dizzy,   I'm so dizzy my head is spinning:
          E   A   B
Like a whirlpool it never ends,
B7   E   A   B
  And it's you girl making it spin.
        B7
You're making me
F   B♭   C   B♭
Dizzy, my head is spinning:
         F   B♭   C   B♭
Like a whirlpool it never ends,
         F   B♭   C
And it's you girl making it spin.
      B♭
You're making me
F   B♭ C   B♭   F
Dizzy,   you're making me dizzy...
                    Fade out

Do Wah Diddy Diddy

Words & Music by
Jeff Barry & Ellie Greenwich

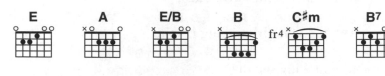

Intro | E | A   E ||

Verse 1
N.C.
There she was just walking down the street, singing
E   A   E/B
Doo wah diddy diddy dum diddy doo.
E   A   E/B
Tapping her fingers and shuffling her feet, singing
E   A   E/B
Doo wah diddy diddy dum diddy doo.
N.C.   (E)   (B)   N.C.   (E)   (B)
She looked good (looked good), she looked fine (looked fine),
N.C.   (E)   (B)
She looked good, she looked fine,
(E)   (B)   (E)   (B)
And I nearly lost my mind.

Verse 2
        E   A   E/B
Before I knew it she was walking next to me, singing
E   A   E/B
Doo wah diddy diddy dum diddy doo.
E   A   E/B
Holding my hand just as natural as can be, singing
E   A   E/B
Doo wah diddy diddy dum diddy doo.
N.C.   (E)   (B) N.C.   (E) (B)
We walked on (walked on) to my door (my door),
N.C.   (E) (B)
We walked on to my door,
(E)   (B)   (E) (B)
Then we kissed a little more.

Bridge 1

E   C#m
Whoa, I knew we was falling in love,

A   B7
Yes I did, and so I told her all the things I'd been dreaming of.

Verse 3

E   A   E/B
Now we're together nearly every single day, singing

E   A   E/B
Doo wah diddy diddy dum diddy doo.

E   A   E/B
We're so happy and that's how we're gonna stay, singing

E   A   E/B
Doo wah diddy diddy dum diddy doo.

N.C.   (E) (B) N.C.   (E) (B)
Well, I'm hers (I'm hers), she's mine (she's mine),

N.C   (E) (B)
I'm hers, she's mine,

(E)   (B)   (E)   (B)
Wedding bells are gonna chime.

Bridge 2

E   C#m
Whoa, I knew we was falling in love,

A   B7
Yes I did, and so I told her all the things I'd been dreaming of.

Verse 4

              N.C.
Now we're together nearly every single day, singing

E   A   E/B
Doo wah diddy diddy dum diddy doo.

E   A   E/B
We're so happy and that's how we're gonna stay, singing

E   A   E/B
Doo wah diddy diddy dum diddy doo.

N.C.   (E) (B) N.C.   (E) (B)
Well I'm hers (I'm hers), she's mine (she's mine),

N.C.   (E) (B)
I'm hers, she's mine,

(E)   (B)   (E)   (B)
Wedding bells are gonna chime.

| B7 | B7 | ‖

Coda

‖:
E   A   E/B
Doo wah diddy diddy dum diddy doo. :‖ *Play 3 times*

Eight Miles High

Words & Music by
Gene Clark, Jim McGuinn & David Crosby

Intro

‖: E5 | E5 | E5 :‖

‖: E5 | E5 | E5 | E5 :‖ E5 | E5 ‖

Guitar solo starts

Verse 1

Em   F♯m7 G   D   C
Eight miles high   and when you touch   down
G   D   C   Cadd9 C Cadd9
    You'll find that it's   stranger than known. _____

Em   F♯m7 G   D   C
Signs in the   street   that say where you're   going
G   D   C   Cadd9 C Cadd9
    Are somewhere   just being their own. _____

Link 1

| Em F♯m7 | G   F♯m7 ‖

Verse 2

Em   F♯m7 G D   C
No - where is   there warmth to be   found,
G   D   C   Cadd9 C Cadd9
    Among those afraid of losing their ground. _____

Em   F♯m7 G   D   C
Rain grey   town   known for its   sound,
G   D   C   Cadd9 C Cadd9
In places,   small faces unbound. _____

Link 2

| Em F♯m7 | Em F♯m7 | G/E | A/E | A/E | G/E ‖

Solo ‖: G/E | A/E | G/E | A/E :‖ *Play 4 times*

| G/E | A/E | A/E | A/E ‖

Verse 3

Em   F♯m⁷ G   D   C
Round the   squares, huddled in   storms,

G   D   C   Cadd⁹ C Cadd⁹
   Some laughing,   some just shapeless forms. _____

Em   F♯m⁷ G   D   C
Side - walk   scenes   and black limousines,

G   D   C   Cadd⁹ C Cadd⁹
   Some living,   some standing alone. _____

Coda | Em F♯m⁷ | Em F♯m⁷ | G/E | A/E ‖

Solo ‖: G/E | A/E | G/E | A/E :‖ *Play 3 times*

| G/E | A♭/E A/E Bm/E | Bm/E | Bm/E ‖

For What It's Worth

Words & Music by
Stephen Stills

E   A   D   A7

Intro | E | A | E | A ||

Verse 1

E   A
There's something happening here
             E   A
And what it is ain't exactly clear.
             E   A
There's a man with a gun over there,
             E   A
Telling me I've got to beware.

Chorus 1

                      E   D
I think it's time we stop, children, what's that sound,
A
Everybody look, what's goin' down.

| E | A | E | A ||

Verse 2

E   A   A7
  There's battle lines being drawn,
            E   A   A7
Nobody's right if everybody's wrong.
E   A   A7
  Young people speaking their minds
            E   A
Are getting so much resistance from behind.

Chorus 2

              E   D
It's time we stop, hey, what's that sound,
A
Everybody look, what's goin' down.

| E | A | E | A ||

Verse 3

    E   A   A7
    What a field day for the heat,
  E   A   A7
  A thousand people in the street
      E   A   A7
  Singin' songs and carryin' signs,
      E   A   A7
  Mostly say "hooray for our side."

Chorus 3

                 E   D
  It's time we stop, hey, what's that sound,
  A
  Everybody look, what's goin' down.

  | E | A | E | A ||

Verse 4

  E   A   A7
  Paranoia strikes deep,
  E   A   A7
    Into your life it will creep.
    E   A   A7
  It starts when you're always afraid,
            E   A
  Step outta line, the man come and take you away.

Chorus 4

                 E   D
  We better stop, hey, what's that sound,
  A
  Everybody look, what's goin' .
                 E   D
  You better stop, hey, what's that sound,
  A
  Everybody look, what's goin' .
                 E   D
  You better stop, now, what's that sound,
  A
  Everybody look, what's goin' .
                 E   D
  We better stop, children, what's that sound,
  A
  Everybody look, what's goin' down.

  | E | D | A | A ||
                       Fade out

Give Peace A Chance

Words & Music by
John Lennon

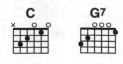

C   G7

Capo first fret

Intro

N.C.
Two, one, two , three, four.

| C | C | C | C ‖

Verse 1

C
Ev'rybody's talking about

Bagism, Shagism,

Dragism, Madism,

Ragism, Tagism,

Thisism, Thatism.

Isn't it the most?

Chorus 1

C   G7
All we are saying,
              C
Is give peace a chance.
              G7
All we are saying,
              C
Is give peace a chance.

Verse 2	**C** Ev'rybody's talking about
	Ministers, Sinisters,
	Banisters and Canisters,
	Bishops and Fishops and
	Rabbis and Popeyes,
	Bye bye bye byes.
Chorus 2	As Chorus 1
Verse 3	**C** Ev'rybody's talking about
	Revolution, Evolution,
	Mastication, Flagelation,
	Regulations, Integrations,
	Meditations, United Nations,
	Congratulations.
Chorus 3	As Chorus 1
Verse 4	**C** Ev'rybody's talking about
	John and Yoko, Timmy Leary,
	Rosemary, Tommy Smothers,
	Bobby Dylan, Tommy Cooper,
	Derek Taylor, Norman Mailer,
	Alan Ginsberg, Hare Krishna, Hare, Hare Krishna.
Chorus 4	‖: As Chorus 1 :‖ *Play 6 times*

Glad All Over

Words & Music by
Dave Clark & Mike Smith

  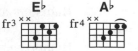

Intro | D   G ||

Verse 1
D   G   D   G   D
You say that you love me (say you love me)
G   D   G   D
All of the time (all of the time);
     G   D   G   D
You say that you need me (say you need me),
     G   D   G   D
You'll always be mine (always be mine).

Chorus 1
N.C.   A
I'm feeling glad all over, yes I'm
D   A
Glad all over, baby I'm glad all over,
           D   G D
So glad you're mine. _____

Verse 2
G   D   G   D
I'll make you happy (make you happy),
     G   D   G   D
You'll never be blue (never be blue);
G   D   G   D
You'll have no sorrow (have no sorrow),
     G   D   G   D
'Cause I'll always be true (always be true).

Chorus 2   As Chorus 1

Bridge 1

     G B♭   D   G   D
Other girls may try to take me away (take me away),

     G   A   A aug
But you know it's by your side I will stay, I'll stay.

Verse 3

                     D   G   D
Our love will last now (our love will last)

          G   D   G   D
To the end of time (end of time)

     G   D   G   D
Because this love now (because this love)

          G   D   G   D
Is only yours and mine (yours and mine).

Chorus 3   As Chorus 1

Bridge 2

     B♭   D   G   D
Other girls may try to take me away (take me away)

     G   A   B♭
But you know it's by your side I will stay, I'll stay.

Verse 4

                     E♭   A♭   E♭
Our love will last now (our love will last)

          A♭   E♭   A♭   E♭
To the end of time (end of time)

     A♭   E♭   A♭   E♭
Because this love now (because this love)

          A♭   E♭   A♭   E♭
Is only yours and mine (yours and mine).

Chorus 4

          N.C.   B♭
And I'm feeling glad all over, yes I'm

     E♭   B♭
  Glad all over, baby I'm glad all over,

               E♭   A♭ E♭
So glad you're mine. _____

Coda

         A♭   E♭   A♭ E♭
‖: I'm so glad you're mine now.   :‖ *Play 3 times*

         A♭   E♭   A♭
Woh-woh-woh-woh-woh-woh.

| E♭   ‖

Gloria

Words & Music by
Van Morrison

E   D   A   E*   D*   A*   E**
fr12   fr10   fr9   fr4

Intro | E D A | E D A | E D A ||

Verse 1

E   D   A   E   D A
Wanna tell you about my baby:

E   D   A   E   D A
You know she comes around,

E   D A E   D A
She's about five feet four

E   D   A   E   D A
From her head to the ground.

E   D   A   E   D A
You know she comes around here

E   D A E   D A
A-just about midnight,

E   D A E   D A
She make me feel so good, Lord,

E   D   A E D A
She make me feel alright.

E   D   A E D A E D A
And her name is   G. _____ L. _____

E   D A E D A E D A
O. _____ R. _____ I. _____

Chorus 1

E   D A E D A E
G. L. O. R. I. A, Glo - ri - a,

E   D A E D A E
G. L. O. R. I. A, Glo - ri - a,

D   A   E D A E
I'm gonna shout it out now, Glo - ri - a,

D   A   E D A E
I'm gonna shout it everyday, Glo - ri - a,

D   A
Yeah, yeah, yeah, yeah, yeah.

Link 1 `| E   D A | E   D A ||`

Guitar solo `||: E*   D* A* D* | E*   D* A* D* :||` *Play 3 times*

Link 2 `||: E**   D A | E**   D A :|| E   D A ||`

Verse 2

```
     E D        A    E   D A
         She comes around here
     E      D      A      E   D A
         Just about midnight,
     E            D A E    D A
         She make me feel   so good,
     E              D        A      E    D A
         I wanna say she makes me feel al - right.
     E           D      A        E   D A
         'Cause she's walking down my street
     E             D       A E    D A
         Why don't'cha come to my house,
     E              D A      E   D A
         She knock upon my door,
     E             D      A E       D A
         And then she come to my room,
     E               D A      E    D A
         Then she make me feel alright.
```

Chorus 2

```
     E          D A E D A E
         G. L. O. R. I. A, Glo  -  ri - a,
     E          D A E D A E
         G. L. O. R. I. A, Glo  -  ri - a,
                  D      A    E D A E
     I'm gonna shout it out now, Glo  -  ri - a,
                  D      A      E D A E
     I'm gonna shout it everyday, Glo  -  ri - a,

     Yeah, yeah, yeah, yeah, yeah.
```

Coda

```
     D    A E   D A       E
         She's so good,      well alright,
     D    A E   D A       E   D A
         She's so good,      well alright.
```

`| E   D A | E   D A | E*  D* A* D* |`

`| E*   D* A* D* | E*   D* A* D* | E        ||`

45

Go Now

Words & Music by
Larry Banks & Milton Bennett

Capo first fret

Intro

NC.
We've already said

| G | G/F# | G/E | G/D | C | Am |

Goodbye,

D
And since you gotta go,

Oh you had better:

Chorus 1

G   G/F#
Go now,

G/E   G/D C Am
  Go now, go now, go   now,

   D   D#m Em
Before you'll see me cry. _____

Verse 1

And I don't want you to tell me

Bm
  Just what you intend to do now,

Em
  'Cause how many times do I have to tell you

Darlin', darlin', darlin', darlin', darlin',

Bm   Am   D
  I'm still in love, still in love with you now.

Link

NC.
We've already said

| **G** | **G/F♯** | **G/E** | **G/D** | **C** | |
So ___ long.

Am   **D**
   I don't wanna see you go,

But oh, you had better:

Chorus 2

G   **G/F♯**
Go now,

G/E   **G/D**   **C**   **Am**
   Go now, go now, go   now,

D   **D♯m Em**
Don't you even try: _____

Verse 2

Tellin' me

Bm
   That you really don't want to see it end this way now.

Em
   Don't you know that if you really meant what you said,

Darlin', darlin', darlin',

                        Bm   **Am**   **D**
I wouldn't have to keep on beggin' you to stay.

Chorus 3

N.C.   G   G/F♯ G/E
Go,   go now, go   now,

G/D C   Am
Ooh, now, ___

              C/D   D
Before the tears start fallin'.

Chorus 4

N.C. G   G/F♯ G/E
Go, go now, go now,

G/D C   Am
Ooh, now,

              C/D   D
Before the tears start fallin'.
                    Fade out

Going Up The Country

Words & Music by
Alan Wilson

| D | G7 | A7 | G6/D |

Capo eighth fret

Intro

| D | D | D | D | G7 | G7 |

| D | D | A7 | A7 | D | D ||

Verse 1

     D
I'm going up the country baby, don't you wanna go?
     G7   D
I'm going up the country baby, don't you wanna go?
     A7   D
I'm going to some place where I've never been before.

Verse 2

     D
I'm going, I'm going where the water tastes like wine,
     G7   D
I'm going where the water tastes like wine,
     A7   D
We can jump in the water, stay drunk all the time.

Instrumental

| D | D | D | D | G7 | G7 |

| D | D | A7 | A7 | D | D ||

Verse 3

     D
I'm going to leave the city, got to get away,
     G7   D
I'm going to leave the city, got to get away,
     A7   D
All this fussing and fighting man, you know I sure can't stay.

Verse 4

                D
Now baby pack your leaving trunk,

You know we've got to leave today.

Just exactly where we're going I cannot say,

    G7   **D**
But   we might even leave the USA

                A7   **D**
'Cause there's a brand new game I want to play.

Instrumental | D | D | D | D | G7 | G7 |

               | D | D | A7 | A7 | D | D   ‖

Bridge

                        G7
There's no use in you running

                D
Or screaming and crying

                A7
'Cause you've got a home

                D
As long as I've got mine.

Instrumental | G7 | G7 | D | D | A7 | A7 |

Coda | D   A | D   G6/D | D | D | D | D |

       | G7 | G7 | D | D | A7 | A7 | D   G6/D | D   ‖

Downtown

Words & Music by
Tony Hatch

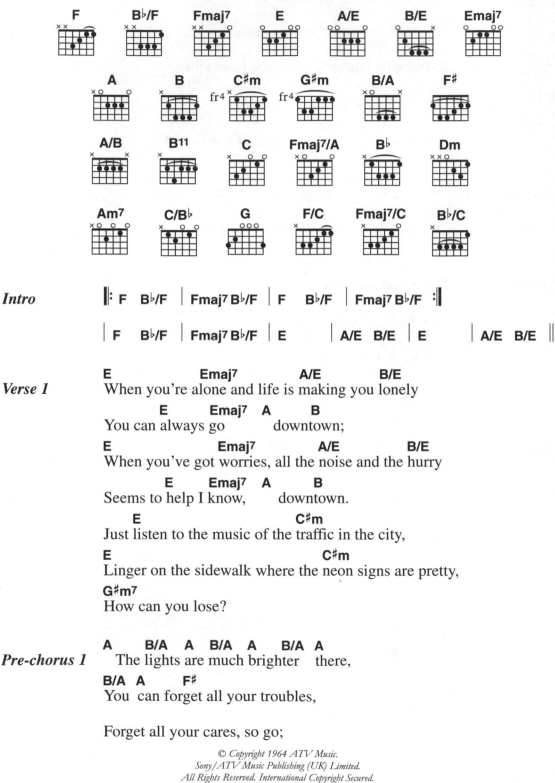

Intro   ‖: F   B♭/F │ Fmaj⁷ B♭/F │ F   B♭/F │ Fmaj⁷ B♭/F :‖

│ F   B♭/F │ Fmaj⁷ B♭/F │ E │   │ A/E B/E │ E │   │ A/E B/E ‖

Verse 1

    E   Emaj⁷   A/E   B/E
When you're alone and life is making you lonely

         E   Emaj⁷ A   B
You can always go   downtown;

    E   Emaj⁷   A/E   B/E
When you've got worries, all the noise and the hurry

         E   Emaj⁷ A   B
Seems to help I know,   downtown.

       E   C♯m
Just listen to the music of the traffic in the city,

E   C♯m
Linger on the sidewalk where the neon signs are pretty,

G♯m⁷
How can you lose?

Pre-chorus 1

  A   B/A A B/A A   B/A A
  The lights are much brighter   there,

B/A A   F♯
You can forget all your troubles,

Forget all your cares, so go;

Chorus 1

E   Emaj7   A/B   B
Downtown,   things will be great when you're

E   Emaj7   A/B   B
Downtown,   you'll find a place for sure

E   Emaj7   A/B   B
Downtown,   everything's waiting for (you.)

Link 1

| E   B11 | Emaj7   B11 | E   B11 | Emaj7   B11 ||
  you.   Down - town.

Verse 2

E   Emaj7   A/E   B/E
Don't hang around and let your problems surround you,

            E   Emaj7   A   B
There are movie shows   downtown;

E   Emaj7   A/E   B/E
Maybe you know some little places to go to

            E   Emaj7   A   B
Where they never close,   downtown.

      E   C#m
Just listen to the rhythm of a gentle bossa nova,

E   C#m
You'll be dancing with them too before the night is over,

G#m7
Happy again.

Pre-chorus 2

A   B/A   A   B/A   A   B/A   A
   The lights are much brighter   there,

B/A   A   F#
You can forget all your troubles,

Forget all your cares, so go;

Chorus 2

E   Emaj7   A/B   B
Downtown,   where all the lights are bright

E   Emaj7   A/B   B
Downtown,   waiting for you tonight

E   Emaj7   A/B   B
Downtown,   you're gonna be alright (now.)

Link 2

| E   B11 | Emaj7   B11 | F   B♭/F | Fmaj7   B♭/F ||
  now. _____   Down - town,   down - town.

Instrumental | F   Fmaj7 | B♭/F   C | F   Fmaj7/A | B♭   C |

Down - town.

| F   Fmaj7 | B♭/F   C | F   Fmaj7/A | B♭   C ‖

Down - town.

Verse 3

      F   Dm
And you may find somebody kind to help and understand you,

F   Dm
Someone who is just like you and needs a gentle hand

     Am7
To guide them along.

Pre-chorus 3

B♭   C/B♭ B♭ C/B♭ B♭ C/B♭ B♭
  So maybe I'll   see you there,

         G
We can forget all our troubles,

Forget all our cares so go;

Chorus 3

F/C   Fmaj7/C B♭/C   C
Downtown,   things will be great when you're

F/C   Fmaj7/C B♭/C   C
Downtown,   don't wait a minute more,

F/C   Fmaj7/C B♭/C   C   F B♭/F Fmaj7 B♭/F
Downtown,   everything's waiting for you. _____

(Down - town.)

Coda

‖: F   B♭/F   Fmaj7 B♭/F
Down - town. (Down - town.) :‖ *Repeat to fade*

Homeward Bound

Words & Music by
Paul Simon

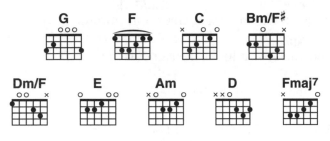

Capo third fret

Free time

Intro | G (F) (C) G ‖

Verse 1

       G
I'm sittin' in the railway station,

    Bm/F♯   **Dm/F**   **E**
Got a ticket for my destination, hm-mmm.

Am
On a tour of one-night stands,

   F
My suitcase and guitar in hand,

    G
And every stop is neatly planned

   D   **G**
For a poet and a one man band.

Chorus 1

         C
Homeward bound,

     G
I wish I was

      C
Homeward bound,

G   **Fmaj⁷**
Home, where my thought's escaping,

G   **Fmaj⁷**
Home, where my music's playing,

G   **Fmaj⁷**
Home, where my love lies waiting

D   **G**
Silently for me.

Verse 2   Everyday's an endless stream

        Bm/F♯   **Dm/F** **E**

Of cigarettes and magazines, hm-mmm.

      Am

And each town looks the same to me,

   F

The movies and the factories,

   G

And every stranger's face I see

   D   **G**

Reminds me that I long to be

          C

Chorus 2   Homeward bound,

      G

I wish I was

        C

Homeward bound.

G   **Fmaj7**

Home, where my thought's escaping,

G   **Fmaj7**

Home, where my music's playing,

G   **Fmaj7**

Home, where my love lies waiting

D   **G**

Silently for me.

Verse 3   Tonight I'll sing my songs again,

      Bm/F♯   **Dm/F**   **E**

I'll play the game and pretend, hm-mmm.

     Am

But all my words come back to me

  F

In shades of mediocrity,

    G

Like emptiness in harmony,

  D   **G**

I need someone to comfort me.

Chorus 3
         C
Homeward bound,

      G
I wish I was

     C
Homeward bound.

G   **Fmaj⁷**
Home, where my thought's escaping,

G   **Fmaj⁷**
Home, where my music's playing,

G   **Fmaj⁷**
Home, where my love lies waiting,

D   **G**   **Bm/F♯**
Silently for me.

        Dm/F   **G (F) (C) G**
Silently for me.

Help Me Rhonda

Words & Music by
Brian Wilson

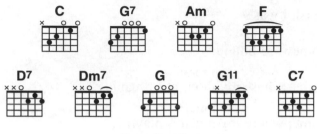

Capo first fret

Verse 1

          C   **G7**   **C**
Well since she put me down I've been out doin' in my head.

I come in late at night,
           G7   **C**
And in the morning I just lay in bed.
      Am
But Rhonda you look so fine
      F   **D7**
And I know it wouldn't take much time
          C
For you to,   help me Rhonda,
Dm7   **C**
Help me get her out of my heart.

Chorus 1

G
  Help me, Rhonda, help, help me Rhonda,
C
  Help me, Rhonda, help, help me Rhonda,
G
  Help me, Rhonda, help, help me Rhonda,
C
  Help me, Rhonda, help, help me Rhonda,
F
  Help me, Rhonda, help, help me Rhonda,
Am   **C**
  Help me, Rhonda, help, help me Rhonda,
Dm7   **G**   **N.C.**   **C**
Help me, Rhonda, yeah, get her out of my heart.

Verse 2

         C
She was gonna be my wife

    G11   **C**   **F C**
And I was gonna be her man

         C
But she met another guy

    G11   **C**   **F C**
Come between us and it shattered our plan.

    Am
Oh Rhonda you caught my eye

         F   **D7**
And I can give you lots of reasons why

        C
You've gotta help me, Rhonda,

Dm7   **C**
Help me get her out of my heart.

Chorus 2   As Chorus 1

Instrumental | **C** | **C7** | **C** | **C7** | **F** | **F** |

               | **C** | **C7** | **Dm7** | **F** | **C7** | **C7** ||

          G
Chorus 3   Help me, Rhonda, help, help me Rhonda,

          C
          Help me, Rhonda, help, help me Rhonda,

          G
          Help me, Rhonda, help, help me Rhonda,

          C
          Help me, Rhonda, help, help me Rhonda,

          F
          Help me, Rhonda, help, help me Rhonda,

          Am   **C**
          Help me, Rhonda, help, help me Rhonda,

          Dm7   **G**   **N.C.**
          Help me, Rhonda, yeah, get her out of my (heart.)

          | **C** | **C** | **C** | **C** ||
          heart.   *Fade out*

Here Comes The Sun

Words & Music by
George Harrison

D   G   A7   Dsus2   E7   Bmadd11

Asus4   G6   A7sus4   F   C   G/B   D/A

Capo seventh fret

Intro   ‖: D | D | G | A7   :‖

Chorus 1

D   Dsus2   D
Here comes the sun,

G   E7
Here comes the sun,

          D   Dsus2   D
And I say   it's all   right.

| Bmadd11   Asus4 | G6   Asus4   A7 ‖

Verse 1

D   Dsus2   D   G   A7   A7sus4
Little dar   -   ling, it's been a long, cold, lonely winter.

D   Dsus2   D   G   A7   A7sus4
Little dar   -   ling, it feels like years since it's been here.

Chorus 2

D   Dsus2   D
Here comes the sun,

G   E7
Here comes the sun,

          D   Dsus2   D
And I say   it's all   right.

| Bmadd11   Asus4 | G6   Asus4   A7 | D | A7   ‖

Verse 2

D   Dsus2   D   G   A7   A7sus4
Little dar   -   ling, the smile's returning to their faces,

D   Dsus2   D   G   A7   A7sus4
Little dar   -   ling, it seems like years since it's been here.

Bridge

         Gm   **C**
I got flowers in the spring,
         Gm   **C**
I got you to wear my ring.
                       F   **B♭/F**
And when I'm sad, you're a clown,
                 B♭   **C**   **C♯**
And if I get scared you're always around. _____

Verse 3

   F♯   **B/F♯**
Don't let them say your hair's too long,
        F♯   **B**   **E**   **C♯**
'Cause I don't care, with you I can't go wrong.
     F♯   **B/F♯**
Then put your little hand in mine,
F♯   **B**   **E**   **C♯**
There ain't no hill or mountain   we can't climb.

Chorus 3

F♯   **B/F♯** **F♯**   **B/F♯**
Babe, I got you babe,
      F♯   **B/F♯**
I got you babe.

  | **F♯** **B/F♯** | **F♯** **C♯**   ‖

Coda

F♯   **B/F♯**   **F♯**   **C♯**
  I got you to hold my hand, I got you to understand.
F♯   **B/F♯**   **F♯**   **C♯**
  I got you to walk with me, I got you to talk with me.
F♯   **B/F♯**   **F♯**   **C♯**
  I got you to kiss goodnight, I got you to hold me tight.
F♯   **B/F♯**   **F♯**   **C♯**
  I got you, I won't let go; I got you to love me so.

Outro | **F♯** **B/F♯** | **F♯** **C♯** |

N.C. **B**   **F♯**   *Pause*
  I got you babe.
F♯ B/F♯   **F♯**   **C♯**
   I got you babe.
       F♯   **B/F♯ F♯**   **C♯**
‖: I got you babe. I got you babe. :‖ *Repeat to fade*

I Got You (I Feel Good)

Words & Music by
James Brown

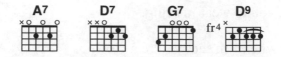

Verse 1

  (A7)   **D7**
Whoa! I feel good, I knew that I would, now,
     G7   **D7**
I feel good, I knew that I would, now.
     A7   **G7**   **D9**
So good, so good, I got you.

Verse 2

                 D7
Whoa! I feel nice, like sugar and spice,
     G7   **D7**
I feel nice, like sugar and spice,
     A7   **G7**   **D9**
So nice, so nice, 'cause I got you.

Link 1

| (D7) | (D7) | (D7) | (D7) | ‖

Middle 1

      G7
When I hold you in my arms
D7
  I know I can do no wrong, now.
   G7
When I hold you in my arms
   A7
My love can't do me no harm.

Verse 3

            D7
And I feel nice, like sugar and spice,
     G7   **D7**
I feel nice, like sugar and spice,
     A7   **G7**   **D9**
So nice, so nice, I got you.

Link 2 | (D7) | (D7) | (D7) | (D7) ||

                                  G7
Middle 2 When I hold you in my arms

         D7
I know that I can't do no wrong.

          G7
And when I hold you in my arms

         A7
My love can't do me no harm.

                     D7
Verse 4 And I feel nice, like sugar and spice,

              G7   D7
I feel nice, like sugar and spice,

        A7   G7   D9
So nice, so nice, well I got you.

        N.C.   D7
Verse 5 Whoa! I feel good, like I knew that I would, now,

         G7   D7
I feel good, I knew that I would.

        A7   G7   D9
So good, so good, 'cause I got you,

        A7   G7   D9
So good, so good, 'cause I got you,

        A7   G7   D9 | D9 ||
So good, so good, 'cause I got you.

I Can See For Miles

Words & Music by
Pete Townshend

Intro | E | E | E | G A | E | G A |

Verse 1

   E
I know you've deceived me
     G   **A**   **E G A**
Now here's a surprise
   E
I know that you have
          G   **A**   **E**
'Cause there's magic in my eyes.
        G6   **A***   **C***   **Dadd9**
I can see for miles and miles and miles and miles
    E
And miles, oh yeah.

Verse 2

   E
If you think that I
G   **A**   **E**   **G A**
Don't know about the little tricks you play,
   E
And never see you
      G   **A**   **E**
When deliberately you put things in my way.
      A
Well here's a poke at you,
      B
You're gonna choke on it too,
     A
You're gonna lose that smile
   B
Because all the while…

	A E
Chorus 1	I could see for miles and miles,
	A E
	I could see for miles and miles,
	G6 A* C*
	I could see for miles and miles and miles
	Dadd9 E
	And miles and miles, oh yeah.

	E G
Verse 3	You took advantage of my trust in you
	A E G A
	When I was so far away;
	E G
	I saw you holding lots of other guys
	A E
	And now you got the nerve to say
	A
	That you still want me,
	B
	Well that's as may be
	A
	But you gotta stand trial
	B
	Because all the while…

	A E
Chorus 2	I can see for miles and miles,
	A E
	I can see for miles and miles,
	G6 A* C*
	I can see for miles and miles and miles
	Dadd9 E
	And miles and miles, oh yeah.

Solo | E | G   A | E | G   A | E | G   A ‖

          | E | E | E | E   ‖

Verse 4   As Verse 1

Bridge

    A   C/A
The Eiffel Tower and the Taj Mahal
      D/A   A   C/A D/A
Are mine to see on clear days.
    A   C/A
You thought that I would need a crystal ball
      D/A   A
Too see right through the haze.
             D
Well here's a poke at you,
             E
You're gonna choke on it too,
             D
You're gonna lose that smile
    E
Because all the while…

Chorus 3

            D   A
I could see for miles and miles,
            D   A
I could see for miles and miles,
                C/A   D/A   F/A
I could see for miles and miles and miles
      G/A
And miles and miles and miles,
             A
And miles and miles.

Coda

‖: I could see for miles and miles. :‖   *Repeat to fade*
                   D   A

I Say A Little Prayer

Words by Hal David
Music by Burt Bacharach

F#m   Bm7   E   Amaj7   D

C#7   C#m   Bm/A   A7   D/E   E7

Intro | F#m | Bm7 | Bm7 | E | Amaj7 | D | C#7 |

Verse 1
    F#m   Bm7
    The moment I wake up,
            E   Amaj7
Before I put on my make-up
   D   C#7
I say a little prayer for you.
   F#m   Bm7
   And while combing my hair now
              E   Amaj7
And wond'ring what dress to wear now,
   D   C#7
I say a little prayer for you.

Chorus 1
     D   E   C#m   F#m
Forever, forever, you'll stay in my heart
        Bm/A A7   D   E
And I will love   you forever and ever.
     C#m   F#m
We never will part,
        Bm/A A7
Oh, how I'll love   you.
     D   E   C#m   F#m
Together, together, that's how it must be.
      Bm/A A7
To live without   you
     D   D/E   C#7
Would only mean heart-break for me.

Verse 2

    F#m   Bm7
     I run for the bus, dear,
                E   Amaj7
While riding, I think of us, dear,
     D   C#7
I say a little prayer for you.
F#m   Bm7
  At work I just take time
                 E   Amaj7
And all through my coffee break time
     D   C#7
I say a little prayer for you.

Chorus 2

       D   E   C#m   F#m
‖: Forever, forever, you'll stay in my heart
        Bm/A A7   D   E
And I will love   you forever and ever.
    C#m   F#m
We never will part,
        Bm/A A7
Oh, how I'll love   you.
    D   E   C#m   F#m
Together, together, that's how it must be.
        Bm/A A7
To live without   you
       D   D/E   C#7
Would only mean heart-break for me. :‖

Middle 1

F#m   Bm7
  My darling, believe me,
           E7   Amaj7
For me there is no one but you.
 D/E   Amaj7
Please love me too,
D/E   Amaj7
I'm in love with you.
D/E   Amaj7
Answer my prayer, baby,
D/E   Amaj7
Say you love me too,
 D/E   Amaj7
Answer my prayer, please.

Chorus 2

    A   B   A
You're the only girl I know

    B   A
That really love me so

                 E A
In the midnight hour,   oh yeah.

E   A   E A
  In the midnight hour,

   D   B
Yeah, alright,

Play it for me one time, now.

Instrumental | E   A | E   A | E   D | B |

            | E   A | E   A | E   A | B ||

Verse 3

              E   A   E
I'm gonna wait till the midnight hour

A   E   A   E
  That's when my love comes tumbling down,

A   E A   E
I'm gonna wait   till the midnight hour

A   E   A   E
That's when my love begins to shine.

      A   E
‖: Just you and I.   :‖   *Repeat to fade*
                              with vocal ad lib.

Itchycoo Park

Words & Music by
Steve Marriott & Ronnie Lane

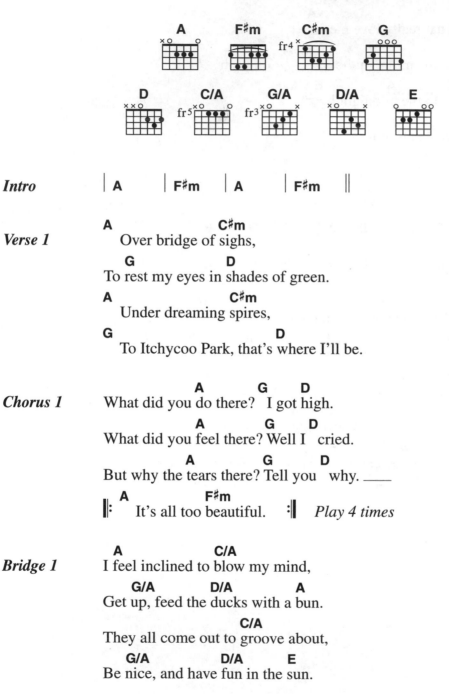

Intro | A | F#m | A | F#m ||

Verse 1
A   C#m
     Over bridge of sighs,
G   D
To rest my eyes in shades of green.
A   C#m
     Under dreaming spires,
G   D
     To Itchycoo Park, that's where I'll be.

Chorus 1
                A   G   D
What did you do there?   I got high.
                A   G   D
What did you feel there? Well I   cried.
                A   G   D
But why the tears there? Tell you   why. ____
        A   F#m
‖:   It's all too beautiful.   :‖   *Play 4 times*

Bridge 1
A   C/A
I feel inclined to blow my mind,
  G/A   D/A   A
Get up, feed the ducks with a bun.
                  C/A
They all come out to groove about,
  G/A   D/A   E
Be nice, and have fun in the sun.

	A **C♯m**
Verse 2	I'll tell you what I'll do

Verse 2

       A   **C♯m**
    I'll tell you what I'll do

               G   **D**
{ (What will you do?)
            I'd like to go there now with you.

    A   **C♯m**
    You can miss out school,

               G   **D**
{ (Won't that be cool)
             Why go to learn the words of fools?

Chorus 2

               A   **G**   **D**
What will we do there? We'll get high.

               A   **G**   **D**
What will we touch there?   We'll touch the sky.

            A   **G**   **D**
But why the tears there? I'll tell you why. _____

  ‖: **A**   **F♯m**
     It's all too beautiful.   :‖ *Play 4 times*

Bridge 2

    A   **C/A**
I feel inclined to blow my mind,

      G/A   **D/A**   **A**
Get up, feed the ducks with a bun.

                    C/A
They all come out to groove about,

      G/A   **D/A**   **E**
Be nice, and have fun in the sun.

Coda

  ‖: **A**   **F♯m**
     It's all too beautiful.   :‖ *Play 3 times*

  | **A** | **F♯m** | **Drums** |
          Ha!

  ‖: **A**   **F♯m**
     It's all too beautiful.   :‖ *Repeat to fade*

Je T'aime... Moi Non Plus

Words & Music by
Serge Gainsbourg

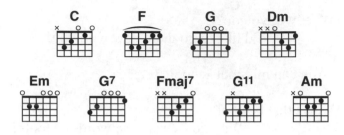

Intro

| C F | G F | C F | G |

Verse 1

        C   F   G
Je t'aime, je t'aime, oh oui je t'aime,

Dm   **Em**
  Moi non plus.

Dm   **C**
Oh, mon amour,

F   **G F** **Em**
  Comme la vague   irrésolue.

Bridge 1

G7   **C**   **Fmaj7 G11**
  Je vais, je vais et je viens

Am   **F**
Entre tes reins.

G11 C   **Am**
  Je vais et je viens

F   **Dm Em F**   **G**
Entre tes reins et je me retiens.

Verse 2

N.C.   **C**   **F**   **G**
  Je t'aime, je t'aime, oh, oui je t'aime,

Dm   **Em**
  Moi non plus.

Dm   **C**
Oh mon amour,

F   **G F**   **Em**
Tu es la vague,   moi l'île nue.

Bridge 2

G7   C   Fmaj7 G11
Tu vas, tu vas et tu viens,

Am   F
Entre mes reins;

G11 C   Am
Tu vas et tu viens

F   Dm Em F   G
Entre mes reins et je te rejoins.

Verse 3

            C   F   G
Je t'aime, je t'aime, oh oui je t'aime,

Dm   Em
Moi non plus.

Dm   C
Oh, mon amour,

F   G F   Em
Comme la vague irrésolue.

Bridge 3   As Bridge 2

Instrumental | C F | G Dm | Em | Em Dm |

                      | C F | G F | Em | G7 ||

Bridge 4   As Bridge 2

Verse 4   As Verse 1

Bridge 5

G   C   Fmaj7 G11
Je vais, je vais et je viens

Am   F
Entre tes reins.

G11 C   Am
Je vais et je viens,

F   Dm
Je me retiens,

Em F   G
Non! Maintenant viens…

Coda ||: C F | G Dm | Em | Em Dm |

           | C F | G F | Em | G7   :|| *Repeat to fade*

Just One Look

Words & Music by
Gregory Carroll & Doris Payne

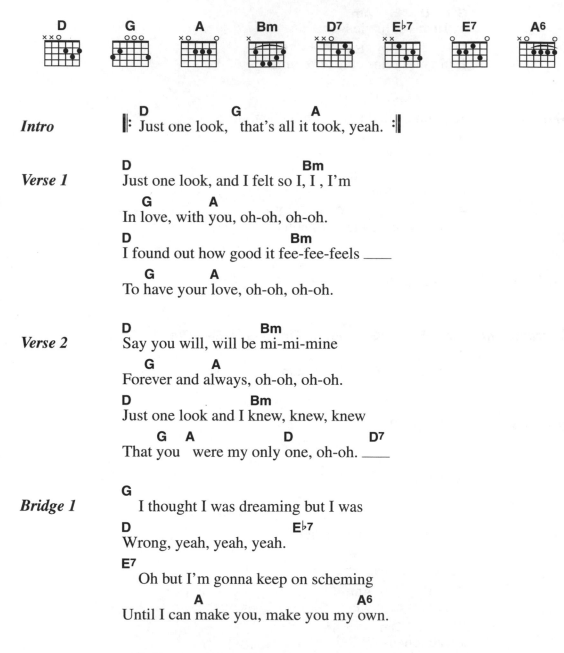

Intro

‖: D   G   A
Just one look, that's all it took, yeah. :‖

Verse 1

D   Bm
Just one look, and I felt so I, I, I'm
G   A
In love, with you, oh-oh, oh-oh.
D   Bm
I found out how good it fee-fee-feels ____
G   A
To have your love, oh-oh, oh-oh.

Verse 2

D   Bm
Say you will, will be mi-mi-mine
G   A
Forever and always, oh-oh, oh-oh.
D   Bm
Just one look and I knew, knew, knew
G   A   D   D7
That you   were my only one, oh-oh. ____

Bridge 1

G
   I thought I was dreaming but I was
D   E♭7
Wrong, yeah, yeah, yeah.
E7
   Oh but I'm gonna keep on scheming
          A   A6
Until I can make you, make you my own.

Verse 3

    D   Bm
So you see I really care, care, care ____

          G   A
Without you, I'm nothing, oh-oh, oh-oh.

    D   Bm
Just one look and I know-oh-oh,

      G   A   D   D7
I'll get you   someday, oh-oh. ____

Bridge 2

      G
   I thought I was dreaming but I was

    D   E♭7
Wrong, yeah, yeah, yeah.

    E7
   Oh but I'm gonna keep on scheming

              A   A6
Until I can make you, make you my own.

Coda

‖: D   G   A
Just one look,   that's all it took, yeah. :‖ *Repeat to fade*

Keep On Running

Words & Music by
Jackie Edwards

A   D   E7   F#m   D7   C#m   F7

Intro
| (A) | (D) | A | D | A | D |
| A | D | E7 | E7 |

Chorus 1

   N.C.   A   E7
Keep on running, keep on hiding,
         F#m   D7
One fine day I'm gonna be the one
           A
To make you understand,
   D   A   E7
Oh yeah, I'm gonna be your man.

Chorus 2

   N.C.   A   E7
Keep on running, running from my arms,
         F#m   D7
One fine day I'm gonna be the one
           A
To make you understand;
   D   A
Oh yeah, I'm gonna be your man.

Verse 1

   A   C#m F#m
(Hey - hey - hey!) Everyone is talking about me,
   E7
   It makes me feel so bad.
   E7   F7   F#m
(Hey - hey - hey!) Everyone is laughing at me,
   E7
   It makes me feel so sad.

So keep on (running.)

Link | (A) | (D) | A | D | A | D |

running.

| A | D | E7 | E7   ‖

Chorus 3

    N.C.   A   E7

Keep on running, running from my arms,

             F♯m   D7

One fine day I'm gonna be the one

                  A

To make you understand,

   D   A

Oh yeah, I'm gonna be your man.

Verse 2

                C♯m F♯m

(Hey - hey - hey!) Everyone is talking about me,

E7

   It makes me feel so sad.

             F7   F♯m

(Hey - hey - hey!) Everyone is laughing at me,

E7

It makes me feel so bad.

Chorus 4

             A   E7

Keep on running, running from my arms,

             F♯m   D7

One fine day I'm gonna be the one

                  A

To make you understand,

   D   (A)   (D)

Oh yeah, I'm gonna be your man.

Coda   ‖: A | D | A | D |

*With vocal
ad lib.* | A | D | A | D   :‖   *Repeat to fade*

83

The Letter

Words & Music by
Wayne Carson Thompson

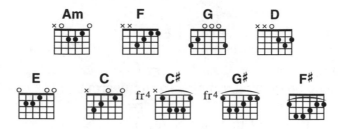

Verse 1

Am   F
Give me a ticket for an aeroplane,
G   D
Ain't got time to take a fast train,
Am   F
Lonely days are gone, I'm a-going home
      E   Am
'Cause my baby just wrote me a letter.

Verse 2

Am   F
I don't care how much money I got to spend,
G   D
Got to get back to my baby again,
Am   F
Lonely days are gone, I'm a-going home
      E   Am
'Cause my baby just wrote me a letter.

Chorus 1

      C   G
Well she wrote me a letter,
      F   C   G
Said she couldn't live without me no more.
C   G
Listen mister, can't you see,
     F   C   G
I've got to get back to my baby once more?
E
   Anyway, yeah,

Verse 3

Am   F
Give me a ticket for an aeroplane,
G   D
Ain't got time to take a fast train,
Am   F
Lonely days are gone, I'm a-going home
                 E   Am
'Cause my baby just wrote me a letter.

Chorus 2

                  C   G
Well she wrote me a letter,
                  F   C   G
Said she couldn't live without me no more.
C   G
Listen mister, can't you see,
        F   C   G
I've got to get back to my baby once more?
E
     Anyway, yeah,

Verse 4

   Am   F
Give me a ticket for an aeroplane,
G   D
Ain't got time to take a fast train,
Am   F
Lonely days are gone, I'm a-going home
               E   Am
'Cause my baby just wrote me a letter,
               E   Am
'Cause my baby just wrote me a letter.

Outro   ‖: C♯ G♯ | F♯ C♯ | G♯ | G♯   :‖ *Repeat to fade*

Like A Rolling Stone

Words & Music by
Bob Dylan

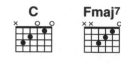

C   Fmaj⁷   Dm   Em   G   F

Intro | C Fmaj⁷ | C Fmaj⁷ | C Fmaj⁷ | C Fmaj⁷ ||

Verse 1

  C   Dm
Once upon a time you dressed so fine,
      Em   F   G
You threw the bums a dime in your prime, didn't you?
  C   Dm   Em
People'd call, say "Beware, doll, you're bound to fall,"
           F   G
You thought they were all   a-kidding you.
  F   G
   You used to   laugh about
  F   G
   Everybody that was   hanging out.
  F   Em Dm   C
   Now you don't talk so loud,
  F   Em Dm   C
   Now you don't seem so proud,
  Dm   F   G
About having to be scrounging   your next meal.

Chorus 1

               C   F G
How does it feel,
               C   F G
How does it feel,
                 C   F G
To be without a home
                C   F G
Like a complete unknown,
            C   F G
Like a rolling stone?

Link | C F | G | G ||

Verse 2

        C   Dm   Em
You've gone to the finest school alright, Miss Lonely,

        F   G
But you know you only used to get juiced in it.

         C   Dm   Em
Nobody's ever taught you how to live out on the street

                       F   G
And now you're gonna have to get used to it.

F   G
  You said you'd never compromise

F   G
  With the mystery tramp but now you realise

F   Em   Dm C
  He's not selling any alibis ___

F   Em   Dm   C
As you stare into the vacuum of his eyes

     Dm   F   G
And say "Do you want to make a deal?"

Chorus 2

                    C   F G
How does it feel,

                    C   F G
How does it feel,

                      C   F G
To be on your own

                        C   F G
With no direction home,

                        C   F G
A complete unknown,

                      C   F G
Like a rolling stone?

Link | C   F | G | G ||

Verse 3

         C   Dm
You never turned around to see the frowns

Em   F
  On the jugglers and the clowns

                  G
When they all did tricks for you.

        C   Dm
You never understood that it ain't no good,

      Em   F   G
You shouldn't let other people get your kicks for you.

           F   G

cont.

F		**G**

You used to ride on the chrome horse with your   diplomat

F   **G**

Who carried on his shoulder a   Siamese cat.

F   **Em**   **Dm**   **C**

Ain't it hard   when you discover that

F   **Em**   **Dm**   **C**

He really wasn't where it's at

Dm

After he took from you everything

F   **G**

He could steal? __

Chorus 3

                   C   **F G**

How does it feel,

                   C   **F G**

How does it feel,

                     C   **F G**

To be on your own

                      C   **F G**

With no direction home,

                       C   **F G**

Like a complete unknown,

                    C   **F G**

Like a rolling stone?

Link

    | **C**   **F** | **G** | **G**   ‖

Verse 4

C   **Dm**   **Em**

Princess on the steeple and all the   pretty people

                   F   **G**

They're all drinking, thinking that they   got it made,

C   **Dm**

Exchanging all   precious gifts

Em   **F**

But you'd better take your diamond ring,

G

You'd better pawn it babe.

F   **G**

You used to be   so amused

F   **G**

At Napoleon in rags   and the language that he used.

F	Em	Dm	C

Go to him now, he calls you, you can't refuse,

F	Em	Dm	C

When you got nothing you got   nothing to lose.

Dm

You're invisible now, you got no secrets

F   **G**

To conceal. _____

Chorus 4

                C   **F**   **G**

How does it feel,

                C   **F**   **G**

How does it feel,

                    C   **F**   **G**

To be on your own

                       C   **F**   **G**

With no direction home,

                     C   **F**   **G**

Like a complete unknown,

                C   **F**   **G**

Like a rolling stone?

Coda   ‖: C   F | G | C   F | G   :‖   *Repeat to fade*

Louie, Louie

Words & Music by
Richard Berry

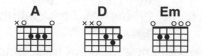

Tune guitar slightly flat

Intro | A D | Em D | A D | Em D ||

Chorus 1
    A   D   Em   D
Louie Louie,   oh no,
    A   D   Em   D
We gotta go,   yeah, ___ I said-a,
    A   D   Em   D
Louie Louie,   oh baby,
    A   D Em D
We gotta go.

Verse 1
      A   D   Em   D
A fine little girl, she wait for me.
       A   D   Em   D
Me catch a ship across the sea,
      A   D   Em D
Me sail a ship out all alone,
      A   D   Em   D
Me never think how I'll make it home.

Chorus 2   As Chorus 1

Verse 2
       A   D   Em   D
Three nights and days I sailed the sea,
    A   D Em   D
I think of girl, oh, constantly.
      A   D   Em   D
Oh, on that ship I dream she there,
      A   D   Em   D
I smell the rose, ah, in her hair.

Chorus 3

   A   D   Em   D
Louie Louie,   oh no,

   A   D   Em   D
We gotta go,   yeah, ___ I said-a,

   A   D   Em   D
Louie Louie,   oh baby,   I said-a

   A
We gotta go.

D Em   D
     Okay, let's give it to them! Right now!

Guitar solo   ‖: A   D | Em   D | A   D | Em   D :‖ *Play 4 times*

   | A   D | Em   D ‖

Verse 3

     A   D   Em   D
Me see Jamaican moon above,

      A   D   Em   D
It won't be long me see me love.

      A   D   Em   D
Me take her in my arms and then

     A   D   Em   D
I tell her I'll never leave again.

Chorus 4

   A   D   Em   D
Louie Louie,   oh no,

   A   D   Em   D
We gotta go,   yeah, ___ I said-a,

   A   D   Em   D
Louie Louie,   oh baby,   I said-a

   A   D Em D
We gotta go.

Coda

         A   D Em D
I said, we gotta go now,

   | A   D | Em   D | A   ‖
                    Let's go.

Love Is All Around

Words & Music by
Reg Presley

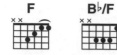
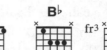

F   Bb/F   F7   Bb   Cm   Eb   Fsus4

Intro
| F   Bb/F | F7   Bb/F | F   Bb/F | F7 |

Verse 1

      Bb   Cm   Eb   F   Bb   Cm   Eb   F
I feel it in my fingers, I feel it in my toes,

      Bb   Cm   Eb   F   Bb   Cm   Eb   F
The love that's all around me, and so the feeling grows,

      Bb   Cm   Eb   F   Bb   Cm   Eb   F
It's written on the wind, it's everywhere I go,

      Bb   Cm   Eb   F   Bb   Cm   Eb   F   Eb
So if you really love me, come on and let it show.

Chorus 1

                  Cm   Eb
You know I love you, I always will,

                  Bb
My mind's made up by the way I feel.

       Eb   Cm
There's no beginning, there'll be no end,

                  F   F7
'Cause on my love you can depend.

Instrumental
| Bb   Cm | Eb   Fsus4   F | Bb   Cm | Eb   Fsus4   F

Verse 2

      Bb   Cm   Eb   F   Bb   Cm   Eb   F
I see your face before me as I lay on my bed,

      Bb   Cm   Eb   F   Bb   Cm   Eb   F
I cannot get to thinking of all the things you said.

       Bb   Cm   Eb   F   Bb   Cm   Eb   F
You gave your promise to me and I gave mine to you,

      Bb   Cm   Eb   F   Bb   Cm   Eb   F   Eb
I need someone beside me in everything I do.

Chorus 2

   (E♭)   Cm   E♭
You know I love you, I always will,

                          B♭
My mind's made up by the way I feel.

          E♭   Cm
There's no beginning, there'll be no end,

                    F   F7 B♭/F   F7 B♭/F   F
'Cause on my love you can depend.

               B♭/F   F7
Got to keep it moving.

Verse 3

      B♭   Cm E♭   Fsus4 F B♭ Cm   E♭ F
It's written in the wind, oh, everywhere I go,

     B♭   Cm E♭   Fsus4 F   B♭ Cm   E♭
So if you really love me, come on and let it show,

       F
Come on and let it (show).

 ‖: B♭   Cm
Come on and let it,

E♭   Fsus4 F
Come on and let   it,

B♭   Cm E♭ Fsus4 F
Come on and let it show.   :‖   *Repeat to fade*

Marrakesh Express

Words & Music by
Graham Nash

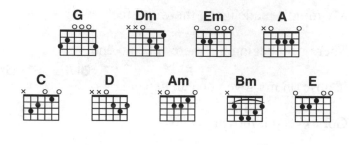

Intro | G | Dm | G | Dm ‖

Verse 1

G   Dm
Looking at the world through the sunset in your eyes,
G   Dm
Travelling the train through clear Moroccan skies.
Em
Ducks and pigs and chickens call,
A
Animal carpet wall to wall,
  C   D
American ladies five-foot tall in blue.

Verse 2

G   Dm
Sweeping cobwebs from the edges of my mind,
G   Dm
Had to get away to see what we could find.
Em
Hope the days that lie ahead
A
Bring us back to where they've led,
C   D
Listen not to what's been said to you.

Chorus 1

      C   G   Am   G
Wouldn't you know we're riding on the Marrakesh Express,

      C   G   Em   A
Wouldn't you know we're riding on the Marrakesh Express,

                    C   D   G
They're taking me to Marrakesh.

All aboard the train, all aboard the train.

Middle

      Bm   G
I've been saving all my money just to take you there,

      E   C
I smell the garden in your hair.

Verse 3

      G   Dm
Take the train from Casablanca going south,

      G   Dm
Blowing smoke rings from the corners of my m-m-m-m-mouth.

      Em
Coloured cottons hang in the air,

      A
Charming cobras in the square,

      C   D
Striped djellebas we can wear at home.

Well, let me hear ya now:

Chorus 2

      C   G   Am   G
Wouldn't you know we're riding on the Marrakesh Express,

      C   G   Em   A
Wouldn't you know we're riding on the Marrakesh Express,

                    C   D   G
They're taking me to Marrakesh.

      C   G   Am   G
Wouldn't you know we're riding on the Marrakesh Express,

      C   G   Em   A
Wouldn't you know we're riding on the Marrakesh Express,

                    C   D   G
They're taking me to Marrakesh.

All on board the train, all on board the train.

All on board!

    ‖: G | G   :‖   *Repeat to fade*

Monday Monday

Words & Music by
John Phillips

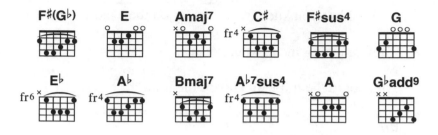

Intro

N.C.
(Ba-dah, ba-dah-da-dah, ba-dah, ba-dah-da-dah.)

F#
　　Ba-dah, ba-dah-da-dah.

Verse 1

　　　　　　　F#
Monday Monday, so good to me.

　　　　　　　　　　　　　　　　　　　　E
Monday morning, it was all I hoped it would be.

　　　　　Amaj7　　　　　　　　　　　　　　　　**C#**
Oh Monday morning, Monday morning couldn't guarantee

　　　　　　F#　　　　　　　**F#sus4**　　　　**F#**
That Monday evening you would still be here with me.

Verse 2

Monday Monday, can't trust that day,

　　　　　　　　　　　　　　　　　　　　　　E
Monday Monday, sometimes it just turns out that way.

　　　　Amaj7　　　　　　　　　　　　　　　　　**C#**
Oh Monday morning you gave me no warning of what was to be.

　　　　　F#　　　　　　　**F#sus4**　　　**F#**
Oh Monday Monday, how could you leave and not take me?

Bridge 1

　　G
Every other day (every other day), every other day,

　　　　　　　　　　　　　E
Every other day of the week is fine, yeah.

G
But whenever Monday comes (but whenever Monday comes)

　　　　　　　　　　　　　　　　　　F#　　　　**E♭**
But whenever Monday comes you can find me crying all of the time.

Verse 3

         A♭
Monday Monday, so good to me.

                                   G♭
Monday morning, it was all I hoped it would be.

              Bmaj7   **E♭**
But Monday morning, Monday morning couldn't guarantee

          A♭   **A♭sus4**   **A♭**
That Monday evening you would still be here with me.

Bridge 2

        A
Every other day (every other day), every other day,

                           F♯
Every other day of the week is fine, yeah.

        A
But whenever Monday comes (but whenever Monday comes)

But whenever Monday comes

                 E♭   **A♭**   **G♭add9**
You can find me crying all of the time. _____

Verse 4

        N.C.   **A♭**
Monday Monday, can't trust that day,

Monday Monday, it just turns out that way.

Monday Monday, won't go away.

Monday Monday, it's here to stay.
                              Fade out

My Generation

Words & Music by
Pete Townshend

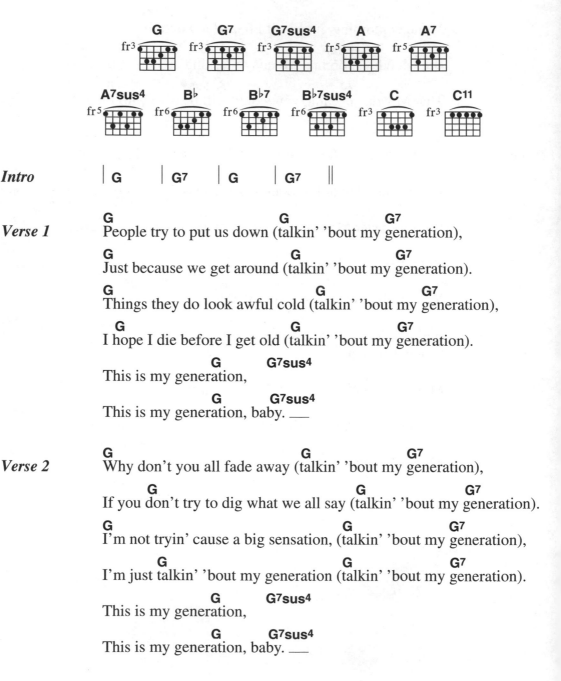

Intro | G | G7 | G | G7 ||

Verse 1

    G   G   G7
People try to put us down (talkin' 'bout my generation),

   G   G   G7
Just because we get around (talkin' 'bout my generation).

   G   G   G7
Things they do look awful cold (talkin' 'bout my generation),

    G   G   G7
I hope I die before I get old (talkin' 'bout my generation).

                    G   G7sus4
This is my generation,

                    G   G7sus4
This is my generation, baby. __

Verse 2

   G   G   G7
Why don't you all fade away (talkin' 'bout my generation),

     G   G   G7
If you don't try to dig what we all say (talkin' 'bout my generation).

   G   G   G7
I'm not tryin' cause a big sensation, (talkin' 'bout my generation),

    G   G   G7
I'm just talkin' 'bout my generation (talkin' 'bout my generation).

                    G   G7sus4
This is my generation,

                    G   G7sus4
This is my generation, baby. __

Bass solo ‖: G | G | G | G⁷ :‖ *Play 4 times*

‖: G | G⁷ | G | G⁷ :‖

Verse 3

A A A⁷
Why don't you all fade away (talkin' 'bout my generation),

A A A⁷
If you don't try to dig what we all say (talkin' 'bout my generation).

A A A⁷
I'm not tryin' cause a big sensation, (talkin' 'bout my generation),

A A A⁷
I'm just talkin' 'bout my generation (talkin' 'bout my generation).

A A⁷sus⁴
This is my generation,

A A⁷sus⁴
This is my generation, baby. ___

A A⁷sus⁴ A A⁷sus⁴
My, my gener - ation, my, my, my,

B♭ B♭7 B♭ B♭7
My, my generation.

Verse 4

B♭ B♭ B♭7
People try to put us down (talkin' 'bout my generation),

B♭ B♭ B♭7
Just because we get around (talkin' 'bout my generation).

B♭ B♭ B♭7sus⁴
Things they do look awful cold (talkin' 'bout my generation),

B♭ B♭ B♭7sus⁴
I hope I die before I get old (talkin' 'bout my generation).

B♭ B♭7sus⁴
This is my generation,

B♭ B♭7sus⁴
This is my generation, baby. ___

B♭ B♭7sus⁴ B♭ B♭7sus⁴
My, my, my generation.

Solo ‖: C | C¹¹ | C | C¹¹ :‖ *Repeat ad lib.*

Coda
C C¹¹
‖: Talkin' 'bout my generation. :‖ *Play 8 times*

C
My generation.

New York Mining Disaster 1941

Words & Music by
Barry Gibb & Robin Gibb

Am   D7   G   C   F   Esus4   E

Tune guitar slightly flat

Intro | Am | Am   ‖

Verse 1
    Am
In the event of something happening to me,
                                        D7
There is something I would like you all to see.
        G   Am
It's just a photograph of someone that I knew.

Chorus 1
    D7   G   C   G
    Have you seen my wife, Mr. Jones?
                        C   F
Do you know what it's like on the outside?

Don't go talking too loud,
            Esus4 E   Am
You'll cause a   landslide, Mr. Jones.

Verse 2
        Am
I keep straining my ears to hear a sound,
                        D7
Maybe someone is digging underground,
        G   Am
Or have they given up and all gone home to bed,
    D7   G
Thinking those who once existed must be dead.

Chorus 2

      F   **G**   **C**   **G**
    Have you seen my wife, Mr. Jones?

                   C   **F**
Do you know what it's like on the outside?

Don't go talking too loud,
            Esus⁴ E   **Am**
You'll cause a   landslide, Mr. Jones.

Verse 3

           Am
In the event of something happening to me,

                            D⁷
There is something I would like you all to see.
      G   **Am**
It's just a photograph of someone that I knew.

Chorus 3

D⁷   **G**   **C**   **G**
    Have you seen my wife, Mr. Jones?

                   C   **F**
Do you know what it's like on the outside?

Don't go talking too loud,
            Esus⁴ E   **Am**
You'll cause a   landslide, Mr. Jones.

No Particular Place To Go

Words & Music by
Chuck Berry

Daug   G7   C7   D7   Ab7

Intro | Daug ||

Verse 1

N.C.   G7
Riding along in my automobile,
N.C.   G7
My baby beside me at the wheel.
N.C.   C7
I stole a kiss at the turn of a mile,
N.C.   G7
My curiosity running wild.
N.C.   D7
Cruising and playing the radio
N.C.   G7
With no particular place to go.

Verse 2

N.C.   G7
Riding along in my automobile,
N.C.   G7
I was anxious to tell her the way I feel.
N.C.   C7
So I told her softly and sincere,
N.C.   G7
And she leaned and whispered in my ear.
N.C.   D7
Cuddling more and driving slow
N.C.   G7   D7
With no particular place to go.

Solo 1 | G7 | G7 | G7 | G7 | C7 | C7 |

             | G7 | G7 | D7 | C7 | G7 ||

Verse 3

     G **N.C.**   **G⁷**
No particular place to go,

N.C.   **G⁷**
So we parked way out on the kokomo.

N.C.   **C⁷**
The night was young and the moon was gold

N.C.   **G⁷**
So we both decided to take a stroll.

N.C.   **D⁷**
Can you imagine the way I felt?

N.C.   **G⁷**
I couldn't unfasten her safety belt.

Verse 4

N.C.   **G⁷**
Riding along in my calaboose,

N.C.   **G⁷**
Still trying to get her belt unloose.

N.C.   **C⁷**
All the way home I held a grudge

N.C.   **G⁷**
But the safety belt it wouldn't budge.

N.C.   **D⁷**
Cruising and playing the radio

N.C.   **G⁷**
With no particular place to go.

Solo 2

G⁷	G⁷	G⁷	G⁷	C⁷	C⁷	
G⁷	G⁷	D⁷	C⁷	G⁷	G⁷ D⁷
G⁷	G⁷	G⁷	G⁷	C⁷	C⁷	
G⁷	G⁷	D⁷	C⁷	G⁷	A♭⁷ G⁷

Not Fade Away

Words & Music by
Charles Hardin & Norman Petty

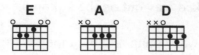

Intro | E   A E | E   A E | E   A E | E   A E ||

Verse 1
E   A | A   D A |
I wanna tell you how it's gonna be,
E   A E | E   A E |
You're gonna give your love to me,
E   A | A   D A ||
I'm gonna love you night and day.

Chorus 1
         E   A E | E   A E |
Well, love is love and not fade a - way,
         E   A E | E   A E ||
Well, love is love and not fade a - way.

Verse 2
         E   A | A   D A |
And my love is bigger than a Cadillac,
E   A E | E   A E |
I'll try to show it if you drive me back.
         E   A | A   D A |
Your love for me has got to be real,
         E   A E | E   A E |
Before you'd have noticed how I   feel.

Chorus 2
E   A E | E   A E |
Love real not fade a - way,
         E   A E | E   A E |
Well love real not fade a - way,   yeah!

Instrumental | A   D A | A   D A | E   A E | E   A E |

| A   D A | A   D A | E   A E | E   A E | E   A E ||

Verse 3

			E			A	A	D	A

E   A |A   D A|
I wanna tell you how it's gonna be,

E   A E |E   A E|
You're gonna give your love to me,

E   A |A   D A‖
Love that lasts more than one day.

Chorus 3

              E   A E |E   A E|
Well love is love and not fade a - way,

              E   A E |E   A E|
Well love is love and not fade a - way,

              A   E |A   E |
Well love is love and not fade a - way,

              E   A   E |E A E A E|
Well love is love and not fade a - way,

           A   E   A E
Not fade away.

Fade out

Oh, Pretty Woman

Words & Music by
Roy Orbison & Bill Dees

E   A   F#m   D

E7   Dm   G7   C   Am

Intro | Drums ‖: (E) | (E) | (E) | (E) :‖

Verse 1

         A   F#m
Pretty woman, walking down the street,
         A   F#m
Pretty woman, the kind I like to meet,
      D
Pretty woman,
        E
I don't believe you, you're not the truth,

No-one could look as good as you.

Link 1 | E | E | E | E ‖
         Mercy!

Verse 2

         A   F#m
Pretty woman, won't you pardon me?
         A   F#m
Pretty woman, I couldn't help but see,
      D
Pretty woman,
        E
That you look lovely as can be.

Are you lonely just like me?

Link 2 | E | E | E | E E7 ‖
         Grrrowl.....

Bridge

Dm   G7
   Pretty woman, stop awhile,
C   Am
   Pretty woman, talk awhile,
Dm   G7   C
   Pretty woman, give your smile to me.
Dm   G7
   Pretty woman, yeah yeah yeah,
C   Am
   Pretty woman, look my way,
Dm   G7   C   A
   Pretty woman, say you'll stay with me. _____
        F♯m   Dm   E
'Cause I   need you,   I'll treat you right.
A   F♯m   Dm   E
   Come with me baby,   be mine tonight.

Link 3 | E | E | E   ‖

Verse 3

          A   F♯m
Pretty woman, don't walk on by,
          A   F♯m
Pretty woman, don't make me cry,
         D
Pretty woman,
         E
Don't walk away, hey,

Okay, if that's the way it must be, okay.

I guess I'll go on home, it's late;

There'll be tomorrow night… but wait!
N.C.
What do I see?

  | (E) | (E) |
        E
Is she walking back to me?

Yeah, she's walking back to me.
          A
Oh, pretty woman.

People Are Strange

Words & Music by
The Doors

Em **Am** **B7**

Chorus 1

Em   Am   Em
People are strange when you're a stranger:
Am   Em B7   Em
Faces look ugly when you're alone.
                      Am   Em
Women seem wicked when you're unwanted,
Am   Em B7   Em
Streets are uneven   when you're down.

Verse 1

               B7   G   B7
When you're strange, faces come out of the rain.
N.C.   B7   G   B7
When you're strange, no-one remembers your name.
N.C.   B7
When you're strange, when you're strange,

When you're strange.

Chorus 2

Em   Am   Em
People are strange when you're a stranger:
Am   Em B7   Em
Faces look ugly when you're alone.
                      Am   Em
Women seem wicked when you're unwanted,
Am   Em B7   Em
Streets are uneven   when you're down.

Link 1

| B7 | B7 | Em | Em | |
| B7 | B7 | Em | Em N.C. |

Verse 2

N.C.   B7   G   B7

When you're strange, faces come out of the rain.

N.C.   B7   G   B7

When you're strange, no-one remembers your name.

N.C.   B7

When you're strange, when you're strange,

When you're strange. Alright, yeah.

Link 2

| Em | Am Em | Am Em | B7 Em |

| Em | Am Em | Am Em | B7 Em ||

Verse 3

                    B7   G   B7

When you're strange, faces come out of the rain.

                                G   B7

When you're strange no-one remembers your name.

When you're strange, when you're strange,

                    N.C.

When you're strange.

Pictures Of Matchstick Men

Words & Music by
Francis Rossi

D   F   C   G   A   B♭

Intro

| (D) (F) | (C) (G) | (D) | (D) |

| D F | C G | D | D ||

Verse 1

D   F
When I look up to the sky
C   G   D   F C G
I see your eyes, a funny kind of yellow.
D   F
I rush home to bed, I soak my head,
C   G   D   F C G
I see your face underneath my pillow.
D   F
I wake next morning, tired, still yawning,
C   G   D   F C G
To see your face come peeping through my window.

Link 1

| D | D ||

Chorus 1

G   A   D
Pictures of matchstick men and you,
G   A   D
Images of matchstick men and you,
G   A
All I ever see is them and (you).

Link 2

| D F | C G | D F | C G | D | D ||
you.

Instrumental

| (D) (F) | (C) (G) | (D) | (D) |

| D F | C G | D | D ||

Bridge

B♭
Windows echo your reflection

F   **C**
When I look in their direction now.

B♭
When will this haunting stop,

       F   **A**   **D**
Your face it just won't leave me alone.

Chorus 2

G   **A**   **D**
Pictures of matchstick men and you,

G   **A**   **D**
Images of matchstick men and you,

G   **A**   **D**
All I ever see is them and you.

Chorus 3

      F
You in the sky,

        C
You're with the sky,

        G
You make men cry.

     D   **F**
You lie, you in the sky,

        C
You're with the sky,

        G
You make men cry, you (lie).

| **D**   **F** | **C**   **G** ‖
lie.

Link 3

| **(D)** **(F)** | **(C)** **(G)** | **(D)** | **(D)**   ‖

Chorus 4

     D   **F**
‖: Pictures of matchstick men,

     C   **G**
Pictures of matchstick men. :‖ *Repeat and fade*

Proud Mary

Words & Music by
John C. Fogerty

C A G F D A7 Bm

Intro | C A | C A | C A G | F D | D | D ||

Verse 1

D
Left a good job in the city

Working for The Man every night and day,

And I never lost a minute of sleeping

Worrying 'bout the way things might have been.
A7
Big wheel keep on turning,
Bm
Proud Mary keep on burning.

Chorus 1

D
Rolling, rolling, rolling on a river.

Verse 2

D
Cleaned a lot of plates in Memphis,

Pumped a lot of pain down in New Orleans,

But I never saw the good side of the city

Till I hitched a ride on a river-boat queen.
A7
Big wheel keep on turning,
Bm
Proud Mary keep on burning.

Chorus 2

D
Rolling, rolling, rolling on a river.

Link 1 | C   A | C   A | C   A G | F   D | D | D ||

Guitar solo   ‖: D | D | D | D   :‖

                    | A | A | Bm | Bm ||

Chorus 3

      D
Rolling, rolling, rolling on a river.

Link 2 | C   A | C   A | C   A G | F   D | D | D ||

Verse 3

D
If you come down to the river

Bet you gonna find some people who live.

You don't have to worry 'cause you have no money,

People on the river are happy to give.

A/
Big wheel keep on turning,

Bm
Proud Mary keep on burning.

Chorus 4   **D**
           ‖: Rolling, rolling, rolling on a river. :‖ *Play 4 times then fade*

Return To Sender

Words & Music by
Otis Blackwell & Winfield Scott

C

Am

Dm7

G7

F

C7

D7

G

Capo third fret

Intro

    C   Am
    Return to sender,

Dm7   G7
    Return to sender.

Verse 1

    C   Am
    I gave a letter to the postman,

Dm7   G7
    He put it in his sack.

    C   Am
    Bright and early next morning

    Dm7   G7   C
He brought my letter back.

N.C.
(She wrote upon it:)

Chorus 1

    F   G7
    Return to sender,

    F   G7
    Address unknown,

    F   G7
    No such number,

    C   C7
    No such zone.

    F   G7
    We had a quarrel,

    F   G7
    A lovers' spat.

    D7   G
    I write I'm sorry but my letter keeps coming back.

Verse 2

        A
Rescue me,
              D
Come on and take my heart,
      G
Take your love
         Em
And conquer every part,
        A   **D**
'Cause I'm lonely and I'm blue,
      G
I need you
           Em
And your love too,

Come on and rescue me.

Chorus 2

A   **D**
  Come on baby and rescue me,
A   **D**
  Come on baby and rescue me,
A   **D**
  'Cause I need you by my side,
           D/E
Can't you see that I'm lonely.

Middle

| **A** | **A** | **A** | **D/A** | | **D/A** | **D** | **D/E** ‖

Verse 3

        A
Rescue me
          D
Or take me in your arms,
      G
Rescue me
        Em
I want your tender charms,
        A   **D**
'Cause I'm lonely and I'm blue,
      G
I need you
           Em
And your love too,

Come on and rescue me.

                        A   **D**
Chorus 3   (Come on baby)   take me baby,

                                A
              (Take me baby) hold me baby,

                                D
              (Hold me baby) love me baby,

                                A   **D**
              (Love me baby) can't you see how I need you baby,

                                            D/E
              Can't you see that I'm lonely.

                              A
Chorus 4   Rescue me

                                    D
              Come on and take my hand,

              A   **D**
                Come on baby and be my man,

              A
                'Cause I love you,

              D
                'Cause I want you,

                                        D/E
              Can't you see that I'm lonely.

                            A   **D**
Chorus 5   Ooh ooh, (mmm mmm), ooh ooh, (mmm mmm),

                            D
              Take me baby, (take me baby),

                            D
              Love me baby (love me baby),

                              A
              Need me baby (need me baby),

                          D
              Ooh ooh, (mmm mmm), mmm mmm,

                                        D/E
              Can't you see that I'm lonely.

                              A
Outro   Rescue me,

                              D
              Rescue me,

              ‖: **A**   **D**   **A**   **D**   :‖   *Repeat to fade*
                 Mmm, mmm, ___ mmm.

Something In The Air

Words & Music by
John Keen

[Chord diagrams: E, F#m11, E*, E/D, E/C#, E/B, F#, G#m11, B/C#, F#*, F#/E, F#/D#, F#/C#, F#7, F#6, E7, E7aug, F, F6, G7, G6, C7, F7, G#, G, C#/D#, A#m11, G#*, G#/F#, G#/F, G#/D#]

Tune guitar to open E chord; E, B, E, G♯, B, E.

Intro | E | F♯m11 | E | F♯m11 ||

Verse 1
    E
Call out the instigators
      F♯m11
Because there's something in the air,
      E
We've got to get together sooner or later
     F♯m11
Because the revolution's here;

Pre-chorus 1
             E* | E/D | E/C♯ | E/B |
And you know it's right,
E*   E/D   E/C♯ | E/B ||
   And you know that it's right.

Chorus 1
F♯m11
   We have got to get it together,
                 E* | E/D | E/C♯ | E/B |
We have got to get it together now.

| E* | E/D | E/C♯ | E/B ||

Link 1 | F♯ | G♯m11 | F♯ | B/C♯   ‖

Verse 2
F♯
Lock up the streets and houses
              G♯m11
Because there's something in the air,
          F♯
We've got to get together sooner or later
          G♯m11
Because the revolution's here;

Pre-chorus 2 And you know it's right,
                          F♯* | F♯/E | F♯/D♯ | F♯/C♯ |
F♯*   F♯/E   F♯/D♯   F♯/C♯
   And you know that it's right.

Chorus 2
G♯m11
   We have got to get it together,

We have got to get it together (now.)

Piano solo | F♯7   F♯ F♯6 | F♯ F♯6 F♯ F♯6 |
               now.

               | E7 E7aug E7 E7aug | E7 E7aug E7 E7aug |

               | F F6 F F6 | F F6 F F6 |

               | G7 | G6 | C7 | F7 | C7 | F7 |

               | F7 | F7 | C7 | G7 | C7 | F7 |

               | C7 | F7 | C7 | G♯ G G♯ G | C7   F7   ‖

Link 2 | G♯ | C♯/D♯ | G♯ | C♯/D♯   ‖

122

Verse 3

> **G♯**
> Hand out the arms and ammo,
>
>   **A♯m11**
> We're going to blast our way through here,
>
>   **G♯**
> We've got to get together sooner or later
>
>   **A♯m11**
> Because the revolution's here;

Pre-chorus 3

>   **G♯*** | **G♯/F♯** | **G♯/F** | **G♯/D♯** |
> And you know it's right,
>
> **G♯***   **G♯/F♯**   **G♯/F**   **G♯/D♯**
>   And you know that it's right.

Chorus 3

> **A♯m11**
>   We have got to get it together,
>
>   **G♯**
> We have got to get it together now.

See Emily Play

Words & Music by
Syd Barrett

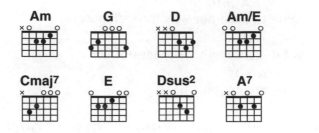

Intro
| Am | Am | Am | Am | Am | Am | ‖

Verse 1

Am G   D   Am/E
        Emily tries but misunderstands, (ah-ooo)

       Cmaj⁷
She's often inclined to borrow

Am   G
Somebody's dreams till tomorrow.

Chorus 1

N.C.   E
There is no other day,

D   E
   Let's try it another way.

D   E
   You'll lose your mind and play

D Dsus² A⁷
   Free   games for May.

       G
See Emily play.

Link   **Sound effects**

Verse 2

Am G   D   Am/E
       Soon after dark Emily cries, (ah-ooo)

Cmaj⁷
Gazing through trees in sorrow,

Am   G
Hardly a sound till tomorrow.

Chorus 2

     N.C.   **E**
There is no other day,
     D   **E**
    Let's try it another way.
     D   **E**
    You'll lose your mind and play
     D Dsus2 A7
    Free   games for May.
                G
    See Emily play.

Organ solo   ‖: **Am** | **Am** | **Am** | **Am** :‖ *Play 4 times*

Verse 3

     Am G   **D**   **Am/E**
         Put on a gown that touches the ground, (ah-ooo)
     Cmaj7
Float on a river,
      Am   **G**
Forever and ever, Emily.

Chorus 3

     N.C.   **E**
There is no other day,
     D   **E**
    Let's try it another way.
     D   **E**
    You'll lose your mind and play
     D Dsus2 A7
    Free   games for May.
                G
    See Emily play. ____

Coda | **D** | **D** | **D** | **D** |

         ————————

   | **D** | **D** | **D** | **D** ‖
                   Fade out

She Loves You

Words & Music by
John Lennon & Paul McCartney

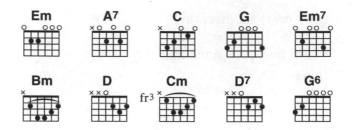

Intro

Em
She loves you, yeah, yeah, yeah,
A7
She loves you, yeah, yeah, yeah,
C   **G**
She loves you, yeah, yeah, yeah, yeah.

Verse 1

(G)   **Em7**
You think you lost your love,
Bm   **D**
Well I saw her yesterday – yi – yay.
G   **Em7**
It's you she's thinking of,
Bm   **D**
And she told me what to say – yi – yay.
G   **Em**
She says she loves you, and you know that can't be bad,
Cm   **D**
Yes, she loves you, and you know you should be glad.

Verse 2

G   **Em7**
She said you hurt her so,
Bm   **D**
She almost lost her mind.
G   **Em7**
But now she says she knows,
Bm   **D**
You're not the hurting kind.
G   **Em**
She says she loves you, and you know that can't be bad,
Cm   **D**
Yes, she loves you, and you know you should be glad.   Ooh.

Chorus 1

      Em
She loves you, yeah, yeah, yeah,

      A7
She loves you, yeah, yeah, yeah.

        Cm
With a love like that,

    D7   **G**
You know you should be glad.

Verse 3

      G   **Em7**
You know it's up to you,

    Bm   **D**
I think it's only fair.

G   **Em7**
Pride can hurt you too,

    Bm   **D**
Apologise to her.

              G   **Em**
Because she loves you, and you know that can't be bad,

      Cm   **D**
Yes, she loves you, and you know you should be glad. Ooh.

Chorus 2

      Em
She loves you, yeah, yeah, yeah,

      A7
She loves you, yeah, yeah, yeah.

        Cm
With a love like that,

    D7   **G**   **Em**
You know you should be glad.

        Cm   **N.C.**
With a love like that,

    D   **G**   **Em**
You know you should be glad.

        Cm   **N.C.**
With a love like that,

    D7   **G**
You know you should be glad.

Em
   Yeah, yeah, yeah,

C   **G6**
Yeah, yeah, yeah, yeah.

She's Not There

Words & Music by
Rod Argent

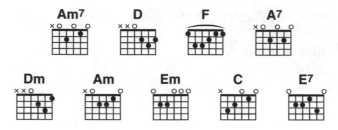

Intro | Am7 D | Am7 D | Am7 D | Am7 D ‖

Verse 1

Am7   D   Am7 D
Well no-one told me about   her,

Am7   F   Am7 D
The way she lied.

Am7   D   Am7 D
Well no-one told me about   her,

Am7   F   A7
How many people cried.

Pre-chorus 1

                D   Dm   Am
But it's too late to say you're sorry

                Em   Am
How would I know? Why should I care?

             D   Dm   C
Please don't bother trying to find her,

        E7
She's not there.

Chorus 1

                        Am
Well let me tell you 'bout the way she looked:

D   Am   F   Am
The way she acted, the colour of her hair,

D   Am
Her voice was soft and cool,

F   Am   D
Her eyes were clear and bright,

           A7   N.C.
But she's not there.

Link | Am7 D | Am7 D | Am7 D | Am7 D ‖

Verse 2

Am7   D   Am7 D
Well no-one told me about   her,

Am7   F   Am7 D
What could I do?

Am7   D   Am7 D
Well no-one told me about   her,

Am7   F   A7
Though they all knew.

Pre-chorus 2   As Pre-chorus 1

Chorus 2   As Chorus 1

Organ solo | Am7 D | Am7 D | Am7 D | Am7 D | Am7 D |

               | Am7 D | Am7 D | A7 | A7   ‖

Pre-chorus 3

                       D   Dm   Am
But it's too late to say you're sorry

                      Em   Am
How would I know? Why should I care?

                 D   Dm   C
Please don't bother trying to find her,

        E7
She's not there.

Chorus 3

                              Am
Well let me tell you 'bout the way she looked:

D   Am   F   Am
The way she acted, the colour of her hair,

D   Am
Her voice was soft and cool,

F   Am   D
Her eyes were clear and bright,

         A7
But she's not there.

(Sittin' On)
The Dock Of The Bay

Words & Music by
Steve Cropper & Otis Redding

G   B   C   A   E   D   F

Intro | G | G | G | G ‖

Verse 1

    G   B
Sittin' in the morning sun,
          C   A
I'll be sittin' in the evening calm,
    G   B
Watching the ships roll in,
           C   A
Then I'll watch them roll away again, yeah.

Chorus 1

          G   E
I'm sittin' on the dock of the bay
           G   E
Watching the tide roll away.
         G   A
Just sittin' on the dock of the bay
         G   E
Wasting time. _____

Verse 2

    G   B
I left my home in Georgia,
C   A
Headed for the 'Frisco Bay.
         G   B
'Cause I've had nothing to live for,
           C   A
And look like nothing's gonna come my way.

Chorus 2

                           G   **E**
So I'm just gonna sit on the dock of the bay,

                  G   **E**
Watching the tide roll away.

      G   **A**
I'm sittin' on the dock of the bay

            G   **E**
Wasting time. _____

Bridge

G   **D** **C**
   Look like nothing's gonna change,

G **D**   **C**
   Everything   still remains the same.

G **D**   **C**   **G**
   I can't do what ten people tell me to do,

F   **D**
   So I guess I'll remain the same.

Verse 3

G   **B**
Sittin' here resting my bones

           C   **A**
And this loneliness won't leave me alone.

G   **B**
Two thousand miles I've roamed

         C   **A**
Just to make this dock my home.

Chorus 3

                         G   **E**
Now I'm just gonna sit at the dock of the bay,

                  G   **E**
Watching the tide roll away.

      G   **A**
Just sittin' on the dock of the bay

            G   **E**
Wasting time. _____

Coda   ‖: **G** | **G** | **G** | **E** :‖ *Repeat to fade*

Somebody To Love

Words & Music by
Darby Slick

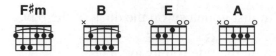

    F#m   B   E   F#m

Verse 1

> When the truth is found   to be ___ lies

             B   E   F#m

> And all the joy   within you ___ dies.

Chorus 1

  N.C.   A   E   F#m
> Don't you want somebody to love,

  B   A   E   F#m
> Don't you need somebody to love;

  B   A   E   F#m
> Wouldn't you love somebody to love,

  B   E   B
> You'd better find somebody to (love.)

Link 1

| F#m | B | F#m | E | F#m | F#m ||

> love.

Verse 2

         F#m   B E   F#m   E
> When the garden flowers,   they are ___ dead, yes,

    F#m   B   E   F#m   B
> And your mind, your mind, is so full of red.

Chorus 2

  E   A   E   F#m
> Don't you want somebody to love,

  B   A   E   F#m
> Don't you need somebody to love;

  B   A   E   F#m
> Wouldn't you love somebody to love,

  B   E   B   F#m
> You'd better find somebody to love.

Verse 3

    N.C.   E   B
Your eyes, I say your eyes may look like his, ____

         F#m   B
Yeah, but in your head, baby,

        E   F#m   A
I'm afraid you don't know where it is.

Chorus 3

    B   A   E   F#m
Don't you want somebody to love,

    B   A   E   F#m
Don't you need somebody to love;

    B   A   E   F#m
Wouldn't you love somebody to love,

    B   E   B
You'd better find somebody to (love.)

Link 2

| F#m | E | B | A | F#m | F#m ‖
  love.

Verse 4

F#m   B E   F#m   A E
Tears are running   all round and round your breast,

      F#m   B   E   F#m   A
And your friends, baby,   they treat you like a guest. ___

Chorus 4

    E   A   E   B
Don't you want somebody to love,

          A   E   B
Don't you need somebody to love;

            A   E   B
Wouldn't you love somebody to love,

           E   B   F#m B
You'd better find somebody to love. _____

Coda

| F#m | F#m ‖ F#m | B | F#m | B |
                   Solo

| F#m | B E | F#m | F#m | A E | B |

| A E | B | A E | B | A B ‖

Son Of A Preacher Man

Words & Music by
John Hurley & Ronnie Wilkins

E   A   B7   D   E7   D7

Intro | E | E | E | E ||

Verse 1

E
   Billy Ray was a preacher's son
               A   E
And when his Daddy would visit he would come along.

When they'd gather round and start a-talking,
B7
   That's when Billy would take me walking;

A-through the backyard we'd go walking,

Then he'd look into my eyes, Lord knows to my surprise…

Chorus 1

        E
The only one who could ever reach me
A   E
   Was the son of a preacher man.

The only boy who could ever teach me
A   E
   Was the son of a preacher man.
          B7   A
Yes he was, he was, ooh yes he was.

Link | E | E ||

Verse 2

E
   Being good isn't always easy
A   E
   No matter how hard I tried.

cont.   When he started sweet-talking to me,

B7
   He'd come and tell me everything is alright,

He keeps on telling me everything is alright,

Can I get away again tonight?

       E
Chorus 2   The only one who could ever reach me

A   **E**
   Was the son of a preacher man.

The only boy who could ever teach me

A   **E**
   Was the son of a preacher man.

          B7 **A**   **D**
Yes he was, he was, ooh, Lord knows he was (yes he was.)

   D   **A**
Bridge   How well I remember   the look was in his eyes,

Stealing kisses from me on the sly.
B7
   Taking time to make time,

Telling me that he's all mine;
E7
   Learning from each other's knowing,

Looking to see how much we're growing.

       A
Chorus 3   The only one who could ever reach me

D   **A**
   Was the son of a preacher man.

The only boy who could ever teach me

D   **A**
   Was the son of a preacher man.

          E7   **D7**
Yes he was, he was, ooh yes he was.

Chorus 4   As Chorus 3
            With vocal ad lib.

The Sound Of Silence

Words & Music by
Paul Simon

Capo sixth fret

Intro | **Asus²** ‖

Verse 1

(handwritten: Dm)   *(handwritten: C)*
Asus²   **G**
   Hello, darkness, my old friend,

                                              Asus² *(handwritten: Dm)*
I've come to talk with you again,

                              F *(handwritten: Bb)* **C** *(handwritten: F)*
Because a vision softly creeping

                              F *(handwritten: Bb)* **C** *(handwritten: F)*
Left its seeds while I was sleeping

             F *(handwritten: Bb)*
And the vision

                                   C *(handwritten: F)*
That was planted in my brain

                    G/B Am
Still remains *(handwritten: C/E Dm)*

(handwritten: F) **C**   **G** *(handwritten: C)* **Asus²**   **Am**
   Within the sound of silence.
(handwritten: Dm   Am)

Verse 2

N.C.   **G**
In restless dreams I walked alone

                              Am
Narrow streets of cobblestone.

                    F   **C**   **G C**
Beneath the halo of a street lamp

                    F   **C**   **G C**
I turned my collar to the cold and damp

             F
When my eyes were stabbed

                    C
By the flash of a neon light

cont.

              G/B **Am**
That split the night
C   **G**   **Am**
   And touched the sound of silence.

Verse 3
                  G
And in the naked light I saw
                  Am
Ten thousand people, maybe more:
            F   **C**   **G C**
People talking without speaking,
            F   **C**   **G C**
People hearing without listening,
        F   **C**
People writing songs that voices never share
          G/B **Am**
And no-one dare
C   **G**   **Am**
   Disturb the sound of silence.

Verse 4
                  G
"Fools," said I, "You do not know
           Am
Silence like a cancer grows.
            F   **C**
Hear my words that I might teach you,
            F   **C**
Take my arms that I might reach you."
        F   **C** **G/B** **Am**
But my words like silent raindrops fell,
   C   **G**   **Am**
And echoed in the wells of silence.

Verse 5
                  G
And the people bowed and prayed
           Am
To the neon god they made.
               F   **C**   **G C**
And the sign flashed out its warning
             F   **C**   **G C**
In the words that it was forming,
             F
And the sign said, "The words of the prophets
             C
Are written on the subway walls
          G/B **Am**
And tenement halls,
    C   **G**   **Asus²**
And whispered in the sounds of silence."

Space Oddity

Words & Music by
David Bowie

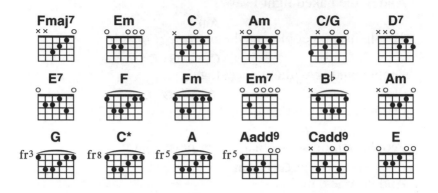

fade in

Intro ‖: Fmaj⁷ | Em :‖

      C   **Em**
      Ground Control to Major Tom,

      C   **Em**
      Ground Control to Major Tom,

      Am   **C/G**   **D⁷**
      Take your protein pills and put your helmet on.

      C   **Em**
      Ground Control to Major Tom,

      C   **Em**
      Commencing countdown, engines on.

      Am   **C/G**   **D⁷**
      Check ignition and may God's love be with you.

Link   *(Sound effects)*

Verse 1
   C   E⁷

This is Ground Control to Major Tom,

                 F

You've really made the grade.

      Fm   C   F

And the papers want to know whose shirts you wear.

      Fm   C   F

Now it's time to leave the capsule if you dare.

Verse 2
   C   E⁷

"This is Major Tom to Ground Control,

                 F

I'm stepping through the door.

      Fm   C   F

And I'm floating in a most peculiar way,

      Fm   C   F

And the stars look very different today."

Bridge 1
     Fmaj⁷   Em⁷

"For here am I sitting in a tin can,

Fmaj⁷   Em⁷

Far above the world.

B♭   Am

Planet Earth is blue,

         G   F

And there's nothing I can do."

Link 2
| C* F G A | C* F G A ‖

| Fmaj⁷ | Em⁷ | Aadd⁹ | Cadd⁹ | D⁷ | E | ‖

Verse 3

C   E⁷

"Though I'm past one hundred thousand miles,

     F

I'm feeling very still.

   Fm   C   F

And I think my spaceship knows which way to go.

    Fm   C   F

Tell my wife I love her very much" – She knows.

Verse 4

G   E⁷

Ground Control to Major Tom,

   Am   C/G

Your circuit's dead, there's something wrong.

    D⁷

Can you hear me, Major Tom?

    C

Can you hear me, Major Tom?

    G

Can you hear me, Major Tom? Can you...

Bridge 2

Fmaj⁷ Em⁷

"Here am I floating round my tin can,

Fmaj⁷   Em⁷

Far above the Moon.

B♭   Am

Planet Earth is blue,

   G   F

And there's nothing I can do."

| C*   F   G   A | C*   F   G   A ‖

to fade

Coda | Fmaj⁷ | Em⁷ | Aadd⁹ | Cadd⁹ | D⁷ ‖: E :‖

Subterranean Homesick Blues

Words & Music by
Bob Dylan

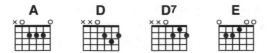

Intro | A | A | A D | A D | A D | A D ‖

Verse 1

    A   D   A   D
Johnny's in the basement mixing up the medicine,

   A   D   A   D
I'm on the pavement thinking about the government.

     A   D   A   D
The man in the trench coat, badge out, laid off,

   A   D   A
Says he's got a bad cough, wants to get it paid off.

   D7
Look out kid, it's something you did,

   A   D   A
God knows when but you're doing it again.

     D   A   D
You better duck down the alley way

   A   D
Looking for a new friend.

     E
The man in the coon-skin cap in the big pen

        A   D
Wants eleven dollar bills,

   A
You only got ten.

Link 1 | A D | A D | A D | A D ‖

141

Verse 2

```
          A                 D   A              D
Maggie comes fleet-foot, face full of black soot,
A                 D   A              D
Talking that the heat put plants in the bed, but
       A                D   A                        D
The phone's tapped anyway. Maggie says that many say
        A                D   A
They must bust in early May, orders from the D. A.
D7
Look out kid, don't matter what you did,
A                D   A          D
Walk on your tip toes, don't tie no bows,
A                    D      A
Better stay away from those that carry around a fire hose.
E
   Keep a clean nose, watch the plain clothes,
    A                    D
You don't need a weather man
      A
To know which way the wind blows.
```

Link 2

```
| A   D  | A   D  | A   D  | A   D  ||
```

Verse 3

```
A                 D   A              D
Get sick, get well, hang around a ink well,
A                 D   A                        D
Ring bell, hard to tell if anything is going to sell.
A              D   A              D
Try hard, get barred, get back, write braille,
A              D   A
Get jailed, jump bail, join the army if you fail.
D7
Look out kid, you're gonna get hit.
         A        D   A          D
But losers, cheaters, six-time users
A                        D
Hanging around the theaters.
E
Girl by the whirlpool's looking for a new fool.
A              D
Don't follow leaders,
A
Watch your parking meters.
```

Link 3

```
| A   D  | A   D  | A   D  | A   D  ||
```

Verse 4
     A   **D**
Ah, get born, keep warm,
 A   **D**   **A**
Short pants, romance, learn to dance.
   D   **A**   **D** **A**
Get dressed, get blessed, try to be a success,
    D **A**   **D**
Please her, please him, buy gifts,
A
Don't steal, don't lift.

Twenty years of schooling
D   **A**
And they put you on the day shift.
D⁷
Look out kid, they keep it all hid,
    A   **D** **A**   **D**
Better jump down a manhole, light yourself a candle,
A   **D** **A**
Don't wear sandals, try to avoid the scandals,
E
  Don't wanna be a bum, you better chew gum.
   A   **D**
The pump don't work
     A
'Cause the vandals took the handles.

Coda   ‖:**A** **D** | **A** **D** :‖ *Repeat to fade*

Sugar, Sugar

Words & Music by
Jeff Barry & Andy Kim

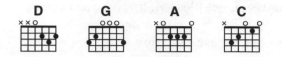

Intro |D |G |D |G ||

Chorus 1
```
D      G
Sugar,
           D      G
Ah, honey, honey,
           D      G
You are my candy girl
A                     D              G   A
   And you've got me wanting you.
D      G
Honey,
           D      G
Ah, sugar, sugar,
           D    G
You are my candy girl
A                     D
   And you've got me wanting you.
```

Verse 1
```
D                          C            D
I just can't believe the loveliness of loving you,
                    G    D
I just can't believe it's true.
                          C            D
I just can't believe the wonder of this feeling too,
                    G    A
I just can't believe it's true.
```

Chorus 2   As Chorus 1

Verse 2

D   C   D
When I kissed you, girl, I knew how sweet a kiss could be,
                  G   D
I know how sweet a kiss can be.
                        C   D
Like the summer sunshine, pour your sweetness over me,
                  G A
Pour your sweetness over me.

Chorus 3

D   G
Pour a little sugar on me honey,
D   G
Pour a little sugar on me baby.
D   G   A
I'm gonna make your life so sweet,   yeah yeah yeah.
D   G A
Pour a little sugar on me,   oh yeah.

Chorus 4

D   G
Pour a little sugar on me honey,
D   G
Pour a little sugar on me baby.
D   G   A
I'm gonna make your life so sweet,   yeah yeah yeah.
D   G A
Pour a little sugar on me,   honey

Chorus 5

𝄆: As Chorus 1 :𝄇   *Repeat to fade with vocals ad lib.*

Summer Holiday

Words & Music by
Bruce Welch & Brian Bennett

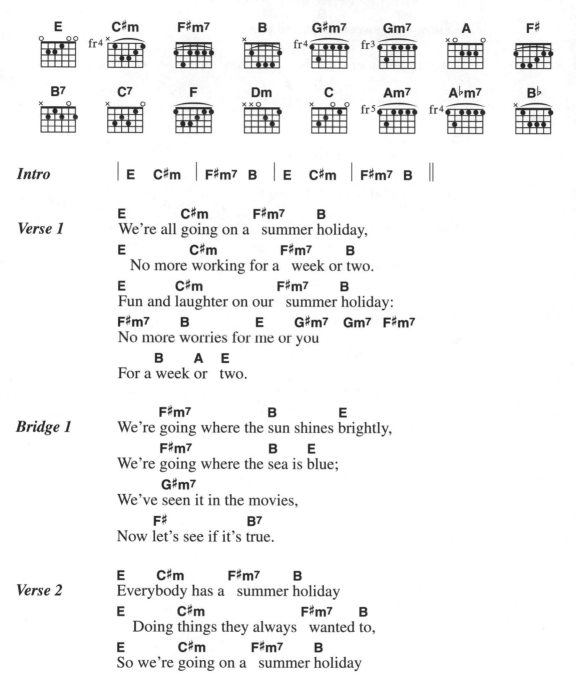

Intro

| E C#m | F#m7 B | E C#m | F#m7 B ||

Verse 1

E   C#m   F#m7   B
We're all going on a   summer holiday,

E   C#m   F#m7   B
  No more working for a   week or two.

E   C#m   F#m7   B
Fun and laughter on our   summer holiday:

F#m7   B   E   G#m7 Gm7 F#m7
No more worries for me or you

      B   A   E
For a week or two.

Bridge 1

    F#m7   B   E
We're going where the sun shines brightly,

    F#m7   B   E
We're going where the sea is blue;

     G#m7
We've seen it in the movies,

    F#   B7
Now let's see if it's true.

Verse 2

E C#m   F#m7   B
Everybody has a   summer holiday

E   C#m   F#m7   B
  Doing things they always   wanted to,

E   C#m   F#m7   B
So we're going on a   summer holiday

cont.

      F#m7   B   E   G#m7 Gm7 F#m7
      To make our dreams come true _____

      B A E
      For me and you.

Instrumental | E   C#m | F#m7 B | E C#m | F#m7 B | E C#m | F#m7 B |

           | F#m7 B | E G#m7 Gm7 | F#m7 B A | E   ‖

Bridge 2

        F#m7   B   E
      We're going where the sun shines brightly,

        F#m7   B   E
      We're going where the sea is blue;

        G#m7
      We've seen it in the movies,

        F#   B7   C7
      Now let's see if it's true. _____

Verse 3

      F   Dm   Gm7   C
      Everybody has a   summer holiday

      F   Dm   Gm7   C
      Doing things they always   wanted to,

      F   Dm   Gm7   C
      So we're going on a   summer holiday

      Gm7   C   F   Am7 A♭m7 Gm7
      To make our dreams come true _____

      C B♭ F   Dm
      For me and you.

Coda

     ‖: Gm7 C   F   Dm
        Hm-mm, hm-mm.   :‖ *Repeat to fade*

Sunshine Of Your Love

Words & Music by
Jack Bruce, Pete Brown & Eric Clapton

| D | D7 | F | G | G7 | B♭ | A | C |

Intro

|N.C. |N.C. |N.C. |N.C. |

|D D7 D |D F D |D D7 D |D F D ‖

Verse 1

    D   D7 D   F D
It's getting near dawn

               D7 D   F D
When lights close their tired eyes,

        D7 D   F D
I'll soon be with you, my love

        D7 D   F D
Give you my dawn surprise.

     G   G7 G   B♭ G
I'll be with you darlin' soon,

        G7 G   B♭ G
I'll be with you when the stars start falling.

Link

|D D7 D |D F D |D D7 D |D F D ‖

Chorus 1

  A   C   G
I've been waiting so long,

  A   C   G
To be where I'm going,

  A   C   G   A
In the sunshine of your love. _____

Link

|D D7 D |D F D ‖

Verse 2

      D   **D7 D**   **F D**
I'm with you my love,

             D7 D   **F D**
The lights shining through on you.

         D7 D   **F D**
Yes, I'm with you my love,

           D7 D   **F D**
It's the morning and just we two.

    G   **G7 G**   **B♭ G**
I'll stay with you darling now,

        G7 G   **B♭**   **G**
I'll stay with you 'til my seeds are dried up.

Link

| D D7 D | D F D | D D7 D | D F D ‖

Chorus 2   As Chorus 1

Solo

| D D7 D | D F D | D D7 D | D F D | D D7 D | D F D |

| D D7 D | D F D | G G7 G | G B♭ G | G G7 G | G B♭ G |

| D D7 D | D F D | D D7 D | D F D | A | C G |

| A | C G | A | C G | A | A   ‖

Link

| D D7 D | D F D | D D7 D | D F D ‖

Verse 3   As Verse 2

Link

| D D7 D | D F D | D D7 D | D F D ‖

Chorus 3

  A   **C**   **G**
   I've been waiting so long,

  A   **C**   **G**
   I've been waiting so long,

  A   **C**   **G**
   I've been waiting so long,

  A   **C**   **G**
   To be where I'm going,

  A   **C**   **G**   **A**
   In the sunshine of your love. ____ *Fade out*

Suspicious Minds

Words & Music by
Francis Zambon

G   C/G   C   F/C

D   Bm   Em   B⁷sus⁴   B⁷

Intro

| G   C/G | G   C/G ||

Verse 1

G   C/G   G   C/G
We're caught in a trap,

C   F/C   C   F/C
I can't walk out

D   C   G   C/G G C/G
Because I love you too much baby.

G   C/G   G   C/G
 Why can't you see

C   F/C   C   F/C
What you're doing to me,

D   C   D   C Bm D
When you don't believe a word I'm saying?

Chorus 1

C   G   Bm   C   D
We can't go on together   with suspicious minds

Em   Bm   C   D
And we can't build our dreams   on suspicious minds.

Verse 2

G   C/G   G   C/G
So if an old friend I know

C   F/C   C   F/C
Stops by to say hello

D   C   G   C/G G C/G
Would I still see suspicion in your eyes?

G   C/G   G   C/G
Here we go   again

C   F/C   C   F/C
Asking where I've been,

D   C   D   C Bm D
You can't see the tears are real I'm crying.

Chorus 2

  C   G   Bm   C D
  We can't go on together with suspicious minds
  Em   Bm   C   B7sus4 B7
  And we can't build our dreams on suspicious minds.

Bridge

  Em   Bm   C   D
  Oh let our love survive, I'll dry the tears from your eyes
  Em   Bm
  Let's don't let a good thing die
  C   D   G   C
  When honey, you know I've never lied to you, hmmm-mmm,
  G   D
  Yeah, yeah.

Verse 3

  G   C/G   G   C/G
  We're caught in a trap,
  C F/C   C   F/C
  I can't walk out
  D   C   G   C/G G C/G
  Because I love you too much baby.
  G   C/G   G C/G
   Why can't you see
  C   F/C   C   F/C
  What you're doing to me,
  D   C   G   C/G G C/G
  When you don't believe a word I'm saying.

  Ah don't you know…

Verse 4   ‖: As Verse 3 :‖ *Repeat to fade*

151

Suzanne

Words & Music by
Leonard Cohen

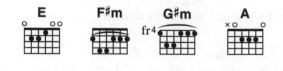

Intro | E | E | E | E ||

Verse 1

     E
Suzanne takes you down to her place near the river:
    F♯m
You can hear the boats go by,

You can spend the night beside her,
     E
And you know that she's half crazy

But that's why you want to be there,
     G♯m
And she feeds you tea and oranges
     A
That come all the way from China,
     E
And just when you mean to tell her
     F♯m
That you have no love to give her
     E
Then she gets you on her wavelength
     F♯m
And she lets the river answer
      E
That you've always been her lover.

        G#m
And you want to travel with her,

        A
And you want to travel blind,

        E
And you know that she will trust you

        F#m
For you've touched her perfect body with your (mind.)

Link 1 | **E** | **E** ||

  mind.

Verse 2
      E
And Jesus was a sailor

When he walked upon the water,

      F#m
And he spent a long time watching

From his lonely wooden tower,

      E
And when he knew for certain

Only drowning men could see him,

      G#m
He said, "All men will be sailors then

    A
Until the sea shall free them."

     E
But he himself was broken

      F#m
Long before the sky would open:

     E
Forsaken, almost human,

  F#m   **E**
He sank beneath your wisdom like a stone.

Chorus 2
       G♯m
And you want to travel with him,

       A
And you want to travel blind,

       E
And you think maybe you'll trust him

       F♯m
For he's touched your perfect body with his (mind.)

Link 2 | **E** | **E**   ‖

   mind.

       E
Verse 3   Now Suzanne takes your hand

And she leads you to the river.

       F♯m
She is wearing rags and feathers

From Salvation Army counters,

       E
And the sun pours down like honey

On our lady of the harbour,

       G♯m
And she shows you where to look

       A
Among the garbage and the flowers:

       E
There are heroes in the seaweed,

       F♯m
There are children in the morning,

       E
They are leaning out for love

       F♯m
And they will lean that way forever,

       E
While Suzanne holds the mirror.

Chorus 3

         G♯m
And you want to travel with her,

        A
And you want to travel blind,

        E
And you know that you can trust her

        F♯m
For she's touched your perfect body with her (mind.)

Coda | **E** | **E**   ‖

   mind.

(Take A Little)
Piece Of My Heart

Words & Music by
Jerry Ragovoy & Bert Berns

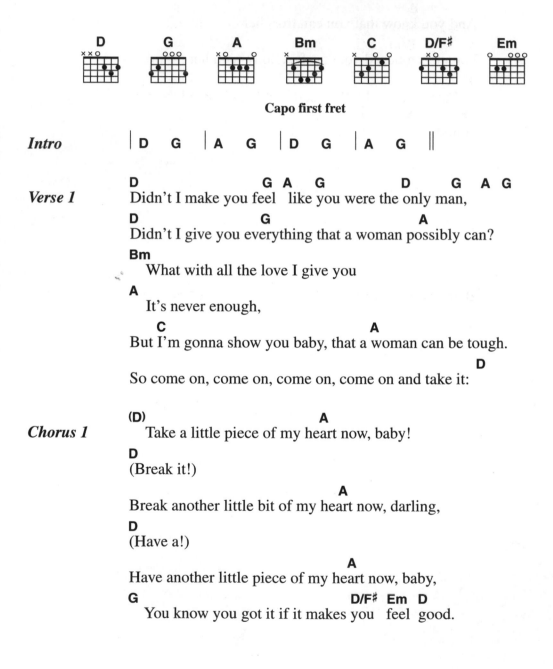

D   G   A   Bm   C   D/F#   Em

Capo first fret

Intro
| D G | A G | D G | A G ‖

Verse 1

    D   G A G   D   G A G
Didn't I make you feel   like you were the only man,

    D   G   A
Didn't I give you everything that a woman possibly can?

Bm
    What with all the love I give you

A
    It's never enough,

     C   A
But I'm gonna show you baby, that a woman can be tough.

                                           D
So come on, come on, come on, come on and take it:

Chorus 1

(D)
    Take a little piece of my heart now, baby!

D
(Break it!)

                                A
Break another little bit of my heart now, darling,

D
(Have a!)

                            A
Have another little piece of my heart now, baby,

G   D/F# Em D
    You know you got it if it makes you feel good.

Verse 2

      D   **G**   **A**
You're out on the street (looking good),

         G   **D**   **G**
And you know deep down in your heart that ain't right.

A   **G**   **D**   **G**
And, oh, you never, never hear me when I cry at night,

A   **Bm**   **A**
Though I, __ I tell myself that I can't stand the pain,

        C   **A**
But when you hold me in your arms, I say it again.

                D
So come on, come, come on, come on and take it:

Chorus 2

(D)   **A**
Take a little piece of my heart now, baby!

D
(Break it!)

        A
Break another little bit of my heart now, darling,

D
(Have a!)

        A
Have another little piece of my heart now, baby,

G   **D/F♯ Em D**
You know you got it if it makes you feel good.

Outro

‖: **(D)**   **A**
    Take a little piece of my heart now, baby!

D
(Break it!) :‖ *Repeat to fade with vocal ad libs.*

These Boots Are Made For Walking

Words & Music by
Lee Hazlewood

E **A** **G** **Em** **E⁷** **A⁷**

Intro ‖: E | E | E | E :‖

Verse 1
E
You keep saying you've got something for me,

Something you call love, but confess
A
You've been messing where you shouldn't been messing
　　　　　E
And now someone else is getting all your best.

Chorus 1
　　　　G　　　　　　**Em**
These boots are made for walking
　　　G　　　　　　　**Em**
And that's just what they'll do,
G　　　　　　　　**Em**　**N.C.**
One of these days these boots are gonna walk all over (you.)

Link 1 | E | E | E | E |
you.

| E | E | E | E ‖

Verse 2
E⁷
You keep lying when you ought to be truthing,

And you keep losing when you ought to not bet,
A⁷
You keep sameing when you ought to be a-changing,
　　E⁷
Now what's right is right but you ain't been right yet.

	G		Em

Chorus 2 These boots are made for walking

	G		Em

And that's just what they'll do,

G		Em	N.C.

One of these days these boots are gonna walk all over (you.)

Link 2 | E | E | E | E | |

you.

| E | E | E | E | ||

Verse 3

E7

You keep playing where you shouldn't be playing,

And you keep thinking that you'll never get burned, ha!

A7

I just found me a brand new box of matches, yeah,

E7

And what he knows you ain't had time to learn.

	G		Em

Chorus 3 These boots are made for walking

	G		Em

And that's just what they'll do,

G		Em	N.C.

One of these days these boots are gonna walk all over (you.)

| E | E | E | E | |

you.

E

Are you ready, boots? Start walking!

Coda | E | E | E | E | E | E | ||

Fade out

Ticket To Ride

Words & Music by
John Lennon & Paul McCartney

| A | Bm | E | F#m | D7 | Gmaj7 | E7 |

Intro | A | A | A | A ||

Verse 1

   A
I think I'm gonna be sad, I think it's today, yeah!
                                     Bm   **E**
The girl that's driving me mad is going away.
F#m   **D7**
She's got a ticket to ride,
F#m   **Gmaj7**
She's got a ticket to ride,
F#m   **E**   **A**
She's got a ticket to ride, and she don't care.

Verse 2

   A
She said that living with me was bringing her down, yeah!
                              Bm   **E**
She would never be free when I was around.
F#m   **D7**
She's got a ticket to ride,
F#m   **Gmaj7**
She's got a ticket to ride,
F#m   **E**   **A**
She's got a ticket to ride, and she don't care.

Bridge 1

   D7
I don't know why she's riding so high.

She ought to think twice,
                        E   **E7**
She ought to do right by me.
   D7
Before she gets to saying goodbye,

She ought to think twice,
                        E
She ought to do right by me.

Verse 3

        A
I think I'm gonna be sad, I think it's today, yeah!

                                          Bm   **E**
The girl that's driving me mad is going away, yeah!

   F♯m   **D7**
Ah, she's got a ticket to ride,

F♯m   **Gmaj7**
She's got a ticket to ride,

F♯m   **E**   **A**
She's got a ticket to ride, and she don't care.

Bridge 2

   D7
I don't know why she's riding so high.

She ought to think twice,

                  E   **E7**
Shc ought to do right by me.

   D7
Before she gets to saying goodbye,

She ought to think twice,

                  E
She ought to do right by me.

Verse 4

        A
She said that living with me was bringing her down, yeah!

                                      Bm   **E**
She would never be free when I was around.

F♯m   **D7**
She's got a ticket to ride,

F♯m   **Gmaj7**
She's got a ticket to ride,

F♯m   **E**   **A**
She's got a ticket to ride, and she don't care.

  A
‖: My baby don't care. :‖ *Repeat to fade*

To Love Somebody

Words & Music by
Barry Gibb & Robin Gibb

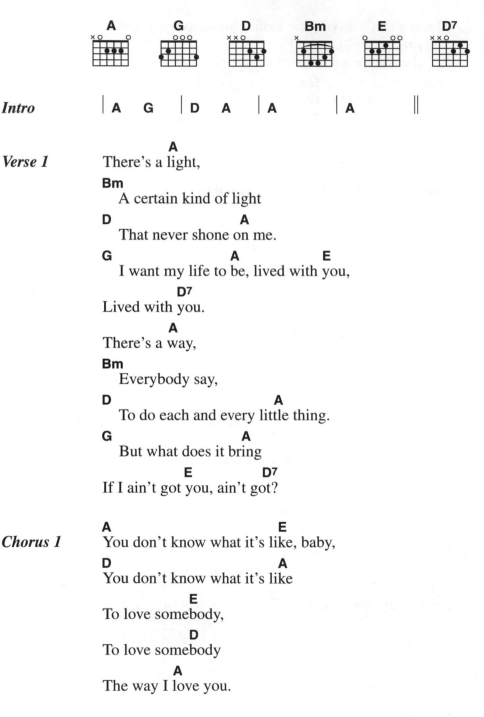

Intro | A   G | D   A | A | A   ‖

Verse 1

        A
There's a light,
Bm
  A certain kind of light
D   **A**
  That never shone on me.
G   **A**   **E**
  I want my life to be, lived with you,
          D7
Lived with you.
        A
There's a way,
Bm
  Everybody say,
D   **A**
  To do each and every little thing.
G   **A**
  But what does it bring
        E   **D7**
If I ain't got you, ain't got?

Chorus 1

A   **E**
You don't know what it's like, baby,
D   **A**
You don't know what it's like
        E
To love somebody,
        D
To love somebody
        A
The way I love you.

Link | A G | D A | A | A ‖

Verse 2

   A
In my brain
Bm
  I see your face again,
D   **A**
  I know my frame of mind.
G   **A**
  You ain't got to be so   blind,
         E   **D7**
And I'm blind, so, so, so very blind.
   A
I'm a man,
Bm
  Can't you see what I am?
D   **A**
  I live and I breathe for you,
G   **A**
  But what good does it   do
         E   **D7**
If I ain't got you, ain't got?

Chorus 2

    A   E
‖: You don't know what it's like, baby,
D   **A**
You don't know what it's like
         E
To love somebody,
         D
To love somebody
        A   E
The way I love you.   :‖   *Repeat to fade*

Tobacco Road

Words & Music by
John D. Loudermilk

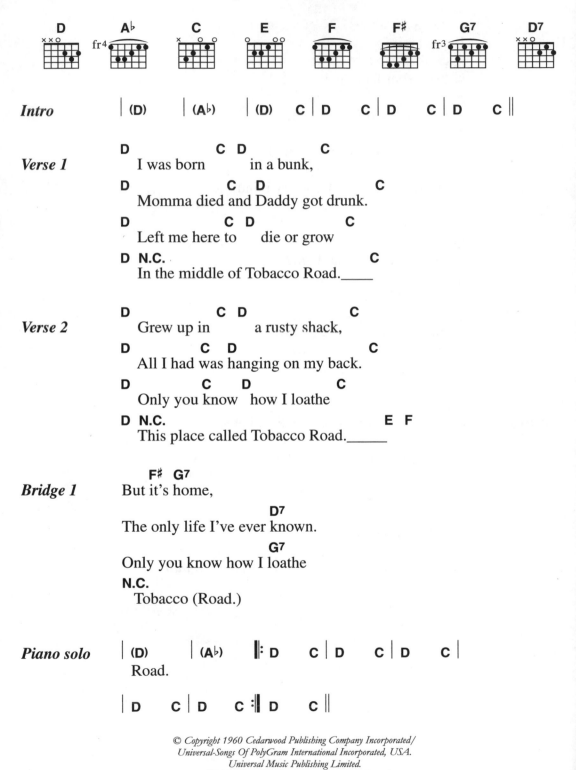

Intro

| (D) | (Ab) | (D) C | D | C | D | C | D | C ‖

Verse 1

D   C D   C
I was born   in a bunk,

D   C D   C
Momma died and Daddy got drunk.

D   C D   C
Left me here to   die or grow

D N.C.   C
In the middle of Tobacco Road.____

Verse 2

D   C D   C
Grew up in   a rusty shack,

D   C D   C
All I had was hanging on my back.

D   C D   C
Only you know   how I loathe

D N.C.   E F
This place called Tobacco Road._____

Bridge 1

         F# G7
But it's home,

                      D7
The only life I've ever known.

                  G7
Only you know how I loathe

N.C.
  Tobacco (Road.)

Piano solo

| (D) | (Ab) ‖: D C | D C | D C |
Road.

| D C | D C :‖ D C ‖

	D C D C
Verse 3	Gonna leave, get a job,

Verse 3

```
D              C   D           C
Gonna leave,        get a job,
D          C      D                 C
With a-help and the grace from above.
D                    C   D              C
Save some money, get   rich I know
D  N.C.                              C
Bring it back to Tobacco Road.____
```

Verse 4

```
D              C   D           C
Bring dynamite   and a crane,
D          C         D            C
Blow it up, start  all over again,
D              C   D              C
Build a town be     proud to show,
D  N.C.                              E  F
Give the name Tobacco Road.____
```

Bridge 2

```
              F#  G7
'Cause it's home,
                         D7
The only life I've ever known,
                       G7
I despise you 'cause you're filthy
                 N.C.
But I loves you 'cause you're (home.)
```

Coda

```
| (D)       | (A♭)    | D     C | D     C | D     C |
  home.

| D     C | D     C | D     C ‖
                Fade out
```

Try A Little Tenderness

Words & Music by
Harry Woods, Jimmy Campbell & Reg Connelly

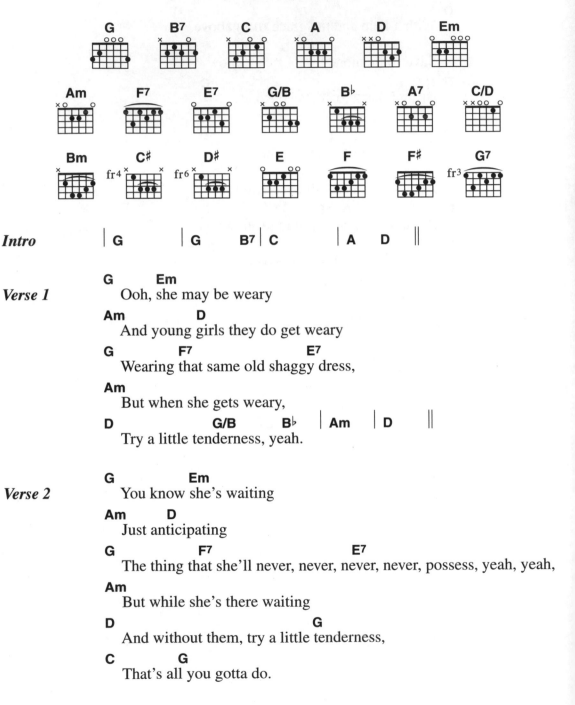

Intro | G | G B7 | C | A D ||

Verse 1

G   Em
Ooh, she may be weary

Am   D
And young girls they do get weary

G   F7   E7
Wearing that same old shaggy dress,

Am
But when she gets weary,

D   G/B   B♭ | Am | D ||
Try a little tenderness, yeah.

Verse 2

G   Em
You know she's waiting

Am   D
Just anticipating

G   F7   E7
The thing that she'll never, never, never, never, possess, yeah, yeah,

Am
But while she's there waiting

D   G
And without them, try a little tenderness,

C   G
That's all you gotta do.

Bridge

    C   B7
It's not just sentimental, no, no, no,

    Em   A7
She has her griefs and care,

    C   B7
But the soft words they are spoke so gentle, yeah,

    A7   C/D   D
It makes it easier,   easier to bear.

Verse 3

    G   Em
You won't regret it, no, no,

    Am   D
Young girls they don't forget it,

    G   F7   E7
Love is their whole happiness, yeah, yeah, yeah,

    Am
But it's all so easy

    D
All you gotta do is try,

               G/B
Try a little tenderness, yeah.

               E7
Oh, you gotta do it now,

Hold her where you wanna.

Outro

‖:   Am   Bm   C
    Squeeze her, don't tease her,

    C♯   D   D♯
Never leave her, make love to her,

    E   F F♯ G7
Just, just, just try a little tenderness, yeah, yeah, yeah,

    F7   E7
You've gotta know how to love her, man. :‖   *Repeat to fade*
with vocal ad lib.

Turn! Turn! Turn!

Words from the Book of Ecclesiastes
Adaptation & Music by Pete Seeger

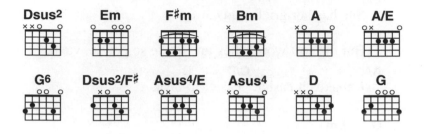

Intro

| Dsus2 Em F#m | Em Bm A | Dsus2 Em F#m | Em Bm A |

| Dsus2 Em F#m | Em Bm A | Dsus2 Em F#m |

Chorus 1

Em Bm A   Dsus2 G6   Dsus2/F# A/E
  To everything, turn, turn,   turn,

Asus4/E   D   G6   Dsus2/F# A/E
There is a season, turn, turn,   turn,

Asus4/E G   Dsus2/F# Em   Asus4 D
  And a ___ time to every purpose under heaven.

Verse 1

                    A   D
A time to be born, a time to die,

            A   D
A time to plant, a time to reap,

            A   D
A time to kill, a time to heal,

            G Dsus2/F# Em Asus4 D
A time to laugh, ___ a time ___ to weep.

Chorus 2

N.C.   Dsus2 G6   Dsus2/F# A/E
  To everything, turn, turn,   turn,

Asus4/E D   G6   Dsus2/F# A/E
There is a season, turn, turn,   turn,

Asus4/E G   Dsus2/F# Em   Asus4 D
  And a ___ time to every   purpose under heaven.

Verse 2
```
                      A                 D
           A time to build up, a time to break down,
                      A              D
           A time to dance, a time to mourn,
           A              D
           A time to cast away stones,
                      G  Dsus2/F♯ Em  Asus4   D
           A time to ga - ther      stones    to - gether.
```

Chorus 3   As Chorus 2

Verse 3
```
                      A                 D
           A time of love, a time of hate,
                      A              D
           A time of war, a time of peace,
           A              D
           A time you may embrace,
                      G  Dsus2/F♯ Em  Asus4   D
           A time to refrain      from __ embracing.
```

Solo
```
| N.C.        ‖: Dsus2  G6  | Dsus2/F♯  A  | Asus4      :‖

| G  Dsus2/F♯ | Em  Asus4 | D         | D         |

| A     | D     | A     | D     | A     | D     |

| G  Dsus2/F♯ | Em  Asus4 | D         ‖
```

Chorus 4   As Chorus 2

Verse 4
```
                      A                 D
           A time to gain, a time to lose,
                      A              D
           A time to rend, a time to sew,
                      A                D
           A time for love, a time for hate.
                      G  Dsus2/F♯ Em          Asus4  D
           A time for peace,   I    swear it's not too late.
```

Outro | N.C.   ‖: Dsus2 Em | Em Bm A :‖ *Repeat to fade*

Under The Boardwalk

Words & Music by
Art Resnick & Kenny Young

G   D   D7   C   Em

Intro | G | G | G | G ||

Verse 1

                G   **D**
Oh when the sun beats down and burns the tar up on the roof

       D7   **G**
And your shoes get so hot you wish your tired feet were fireproof.

            C   **G**
Under the boardwalk, down by the sea, yeah,

                  D   **G**
On a blanket with my baby, is where I'll be.

Chorus 1

              Em
(Under the boardwalk) out of the sun,

             D
(Under the boardwalk) we'll be havin' some fun,

              Em
(Under the boardwalk) people walkin' above,

             D
(Under the boardwalk) we'll be makin' love,

              Em
Under the boardwalk, boardwalk!

Verse 2

             G   **D**
From the park you hear the happy sound of a carousel,

       D7   **G**
You can almost taste the hot dogs and french fries they sell.

            C   **G**
Under the boardwalk, down by the sea, yeah,

                  D   **G**
On a blanket with my baby, is where I'll be.

Chorus 2
       Em
(Under the boardwalk) out of the sun,
        D
(Under the boardwalk) we'll be havin' some fun,
       Em
(Under the boardwalk) people walkin' above,
        D
(Under the boardwalk) we'll be makin' love,
       Em
Under the boardwalk, boardwalk!

Instrumental | **G** | **G** | **D** | **D** |
            | **D⁷** | **D⁷** | **G** | **G** ‖

                C   **G**
Verse 3   Under the boardwalk, down by the sea, yeah,
                     D   **G**
On a blanket with my baby, is where I'll be.

       Em
Chorus 3   (Under the boardwalk) out of the sun,
        D
(Under the boardwalk) we'll be havin' some fun,
       Em
(Under the boardwalk) people walkin' above,
        D
(Under the boardwalk) we'll be fallin' in love,
       Em
Under the boardwalk, boardwalk!

Walk On By

Words by Hal David
Music by Burt Bacharach

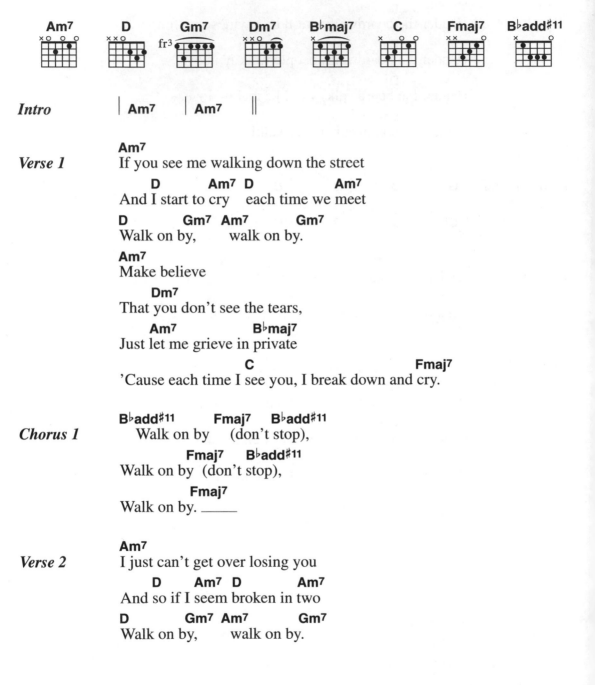

Intro | **Am⁷** | **Am⁷** ||

Verse 1

Am⁷
If you see me walking down the street
    D   **Am⁷** **D**   **Am⁷**
And I start to cry   each time we meet
D   **Gm⁷** **Am⁷**   **Gm⁷**
Walk on by,   walk on by.

Am⁷
Make believe
    Dm⁷
That you don't see the tears,
    Am⁷   **B♭maj⁷**
Just let me grieve in private
         C   **Fmaj⁷**
'Cause each time I see you, I break down and cry.

Chorus 1

B♭add#11   **Fmaj⁷**   **B♭add#11**
  Walk on by   (don't stop),
     Fmaj⁷   **B♭add#11**
Walk on by (don't stop),
     Fmaj⁷
Walk on by. _____

Verse 2

Am⁷
I just can't get over losing you
    D   **Am⁷** **D**   **Am⁷**
And so if I seem broken in two
D   **Gm⁷** **Am⁷**   **Gm⁷**
Walk on by,   walk on by.

Am⁷
Foolish pride,

      Dm⁷   **Am⁷**
That's all that I have left, so let me hide

   B♭maj⁷   **C**
The tears and the sadness you gave me

             Fmaj⁷ **B♭add♯4**
When you said goodbye. _____

Chorus 2

      Fmaj⁷ **B♭add♯11**
Walk on by (don't stop),

      Fmaj⁷ **B♭add♯11**
Walk on by (don't stop),

      Fmaj⁷ **B♭add♯11**
Walk on by (don't stop),

So walk (on.)

Link | **Am⁷** | **Am⁷ D** | **Am⁷ D** | **Am⁷ D** | **Am⁷ D** ||
        on. _____

Verse 3

Am⁷   **Gm⁷ Am⁷**   **Gm⁷**
  Walk on by,   walk on by,

Am⁷
Foolish pride,

      Dm⁷   **Am⁷**
That's all that I have left, so let me hide

   B♭maj⁷   **C**
The tears and the sadness you gave me

             Fmaj⁷ **B♭add♯11**
When you said goodbye. _____

Chorus 3

      Fmaj⁷ **B♭add♯11**
Walk on by (don't stop),

        Fmaj⁷ **B♭add♯11**
So walk on by (don't stop),

                     Fmaj⁷   **B♭add♯11**
Now you really gotta go so walk on by (don't don't stop),

                     Fmaj⁷   **B♭add♯11**
Baby leave me, never see the tears I cry (don't, don't stop),

                     Fmaj⁷   **B♭add♯11**
Now you really gotta go so walk on by (don't, don't stop).

A Whiter Shade Of Pale

Words by Keith Reid
Music by Gary Brooker

C   Em/B   Am   C/G   F   F/E   Dm

Dm/C   G   G/F   Em   G7/D   F/G   G7

Intro

| C Em/B | Am C/G | F   F/E | Dm Dm/C |

| G   G/F | Em G7/D | C   F | G |

Verse 1

C   Em/B   Am   C/G
We skipped the light fandango

F   F/E   Dm   Dm/C
And turned cartwheels across the floor,

G   G/F   Em   G7/D
I was feeling kind of seasick

C   Em/B   Am   C/G
But the crowd called out for more.

F   F/E   Dm   Dm/C
The room was humming harder

G   G/F   Em   G7/D
As the ceiling flew away,

C   Em/B   Am   C/G
When we called out for another drink

F   F/E   Dm
The waiter brought a tray.

Chorus 1

G   C   Em/B   Am   C/G
And so it was, ___ that later, ___

F   F/E   Dm   Dm/C
As the miller told his tale,

G   G/F   Em   G7/D
That her face, at first just ghostly,

       C   F   C   G7
Turned a whiter   shade of pale.

Instrumental | C Em/B | Am C/G | F F/E | Dm Dm/C |

| G G/F | Em G7/D | C F | G |

Verse 2

C Em/B   Am C/G
She said "There is no reason,

F   F/E   Dm Dm/C
And the truth is plain to see,"

G G/F   Em   G7/D
But I wandered through my playing cards,

C Em/B   Am C/G
And would not let her be

F   F/E   Dm   Dm/C
One of sixteen vestal virgins

G   G/F   Em G7/D
Who were leaving for the coast,

C Em/B   Am   C/G
And although my eyes were open

F   F/E   Dm
They might just as well have been closed.

Chorus 2 As Chorus 1

Instrumental | C Em/B | Am C/G | F F/E | Dm Dm/C |

| G G/F | Em G7/D | C F | G |

Chorus 3

  G7   C Em/B Am C/G
‖: And so it was, ___ that later, ___

F   F/E   Dm Dm/C
As the miller told his tale,

G G/F   Em   G7/D
That her face, at first just ghostly,

      C F   C
Turned a whiter   shade of pale.   :‖ *Repeat to fade*

Wichita Lineman

Words & Music by
Jimmy Webb

Fmaj7 **B♭6** **C9sus4** **B♭maj7** **Am7** **Gm7** fr3 **Dm**

Am **G** **D** **C** **Gm** fr3 **A** **B♭**

Intro | Fmaj7 | B♭6 | Fmaj7 | C9sus4 ‖

Verse 1

              B♭maj7
I am a lineman for the county,

Am7   **Gm7**
  And I drive the main road

Dm   **Am**
Searchin' in the sun

     G   **D**
For another overload.

Chorus 1

            C
I hear you singin' in the wires,

              G
I can hear you through the whine,

Gm   **D**
  And the Wichita lineman

A   **B♭**   **C** | **B♭** | **C9sus4** ‖
Is still on the line. _____

Verse 2

             B♭maj7
I know I need a small vacation,

Am7   **Gm7**
  But it don't look like rain,

    Dm   **Am**
And if it snows, that stretch down south

   G   **D**
Will never stand the strain.

176

Chorus 2
                                     C
And I need you more than want you,
                         G
And I want you all the time,
Gm   **D**
   And the Wichita lineman
A   **B♭**   **C** | **B♭** | **C⁹sus⁴** ‖
   Is still on the line. _____

Instrumental | **B♭maj⁷** | **Am⁷** | **Gm⁷** | **Dm** **Am** |

                   | **G** | **D** | **D**   ‖

Chorus 3
                                       C
And I need you more than want you,
                         G
And I want you all the time,
Gm   **D**
   And the Wichita lineman
A   **B♭**   **C** | **B♭** | **C⁹sus⁴** ‖
   Is still on the line. _____

Outro   ‖: **B♭** | **C** | **B♭** | **C** :‖ *Repeat to fade*

Wild Thing

Words & Music by
Chip Taylor

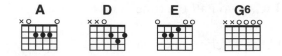

Intro | A   D | E   ‖

Chorus 1
A   D E
Wild thing,
D   A   D E
You make my heart sing,
D   A   D   E
You make everything groovy,
D A   D
   Wild thing.

Link 1 | E   G^6 A G^6 ‖

Verse 1
A N.C.   G^6 A G^6
Wild thing I think I love you
A N.C.   G^6 A G^6
But I want to know for sure.
A N.C.   G^6 A G^6
So come on and hold me tight.
A N.C.
I love you.

Link 2 | A   D | E   D | A   D | E   D   ‖

Chorus 2
A   D E
Wild thing,
D   A   D E
You make my heart sing,
D   A   D   E
You make everything groovy,
D A   D E
   Wild thing.

Bridge

Dmaj⁷   Gmaj⁷
    Maybe if we think and wish and hope and pray

F♯m⁷   Bm⁷
It might come true.

Dmaj⁷   Gmaj⁷   F♯m⁷   Bm⁷
    Maybe then there wouldn't be a single thing we couldn't do.

F♯m⁷   Bm⁷
We could be married (we could be married)

F♯m⁷   C
And then we'd be happy, (and then we'd be happy)

F
Ah, wouldn't it be nice.

Link | F | F | F | F   ‖

Verse 3

Dm/A   E♭/F
    You know it seems the more we talk about it

Dm/A   Am   Gm
    It only makes it worse to live without it,

Am   Gm   C
But let's talk about it

F
Wouldn't it be nice.

Coda   ‖:   F   Good night, baby, sleep tight, baby. :‖   *Repeat to fade*

You Really Got Me

Words & Music by
Ray Davies

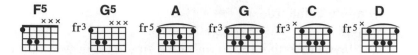

Intro
F5 ‖: G5 F5 G5 F5 | G5 F5 G5 F5 :‖

Verse 1

G5 F5 G5   F5 G5   F5   G5 F5 G5
Girl, ___ you really got me goin',

       F5 G5 F5   G5   F5   G5 F5 G5
You got me so I don't know what I'm doin'.

F5   G5 F5 G5   F5 G5   F5   G5
   Yeah,___ you really got me now,

       F5 G5 F5   G5   F5 G5 F5 G5
You got me so I can't sleep at night.

A   G A   G A   G   A
Yeah, ___ you really got me now,

      G A G   A   G A   G A
You got me so I don't know what I'm doin',   now.

    C D C D   C D   C   D
Oh yeah, ___ you really got me now,

      C D C   D
You got me so I can't sleep at night.

Chorus 1

C   D   C D
You really got me,

C   D   C D
You really got me,

C   D   C D   C
You really got me.

Verse 2

G5 F5 G5   F5 G5   F5   G5 F5 G5
See, ____ don't ever set me free,

   F5   G5   F5 G5   F5 G5 F5 G5
I always wanna be by your side.

F5 G5 F5 G5   F5 G5   F5   G5
  Girl, ____ you really got me now,

     F5 G5 F5   G5   F5 G5 F5 G5
You got me so I can't sleep at night.

A G A   G A   G   A
Yeah, ____ you really got me now,

     G A G   A   G A   G A
You got me so I don't know what I'm doin',   now.

  C D C D   C D   C   D
Oh yeah, ____you really got me now,

    C D C   D
You got me so I can't sleep at night.

Chorus 2   *As Chorus 1*

            Oh no...

Solo   𝄆 G5 F5 G5 F5 | G5 F5 G5 F5 :𝄇 *Play 5 times*

Verse 3   *As Verse 2*

Chorus 3
C D   C D
You really got me,

C D   C D
You really got me,

C D   C D
You really got me.

You Showed Me

Words & Music by
Gene Clark & Roger McGuinn

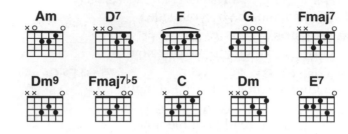

Capo third fret

Intro

| Am D7 | Am D7 | Am D7 | Am D7 ‖

Verse 1

Am D7   Am D7   Am
You showed me how to do exactly what you do,
           F   G   Am
How I fell in love with you.
F   G   Am F   G   Fmaj7 Dm9 Fmaj7 Fmaj7b5
Oh ____ it's true, oh ____ I love you. _____

Verse 2

Am D7   Am D7   Am
You showed me how to say exactly what you say,
           F   G   Am
In that very special way.
F   G   Am F   G   Fmaj7 Dm9 Fmaj7 Fmaj7b5
Oh ____ it's true, you fell for me too. _____

Bridge 1

   F   C   Dm Am
   And when I try ___ dear,
   F   C   Dm Am
   I could see you fall, ____
   F   C Dm D7   E7
   And I decided it's not a trip at all.

Verse 3

Am D7   Am D7   Am
You taught it to me too, exactly what you do,
           F   G   Am
And now you love me too.
F   G   Am F   G   Fmaj7 Dm9 Fmaj7 Fmaj7b5
Oh ____ it's true, we're in love, we two. _____

Bridge 2 | Am D7 | Am D7 | Am F G | Am | F G | Am |

With vocal ad lib.

F   G   Fmaj7 Dm9 Fmaj7 Fmaj7♭5
We're in love, we   two. _____

        Fmaj7 Dm9 Fmaj7 Fmaj7♭5
We two. _____

Verse 4

Am D7   Am D7   Am
You showed me how to do exactly what you do,

     F   G
How I fell in love with

Am D7   Am D7   Am
{ You showed me how to say exactly what you say
  you.

     F   G
In that very special

Am D7   Am D7   Am
{ You taught it to me too, exactly what you do,
  way.

     F   G   Am D7
And now you love me too. _____

Coda

||: Am D7   Am   D7
    Now you love me too. _____ :|| *Repeat to fade*

You've Got To Hide Your Love Away

Words & Music by
John Lennon & Paul McCartney

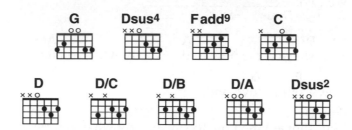

G   Dsus4   Fadd9   C

D   D/C   D/B   D/A   Dsus2

Verse 1

G   Dsus4 Fadd9 C G
Here I stand, head in hand,

C   Fadd9 C
Turn my face to the wall.

G   Dsus4 Fadd9 C G
If she's gone I can't go on

C   Fadd9 C D
Feeling two foot small. _____

Verse 2

G   Dsus4 Fadd9 C G
Ev'rywhere   peo - ple stare,

C   Fadd9 C
Each and ev'ry day.

G   Dsus4   Fadd9 C G
I can see them laugh at me,

C   Fadd9 C D D/C D/B D/A
And I hear them say: _____

Chorus 1

G   C   Dsus4 D Dsus2 D
Hey, you've got to hide your love away. ____

G   C   Dsus4 D Dsus2 D
Hey, you've got to hide your love away. ____

Verse 3

```
G        Dsus4 Fadd9 C   G
How can I      ev - en  try?
C          Fadd9   C
I can never win.
G        Dsus4 Fadd9 C   G
Hearing them,  see - ing them
C            Fadd9   C   D
In the state I'm in. _____
```

Verse 4

```
G        Dsus4  Fadd9 C   G
How could she    say    to me
C            Fadd9  C
Love will find a way?
G      Dsus4 Fadd9 C G
Gather round,  all    you clowns,
C              Fadd9  C  D  D/C  D/B  D/A
Let me hear you say: _____
```

Chorus 2

```
G                C                 Dsus4 D  Dsus2 D
Hey, you've got to hide your love away. ____
G                C                 Dsus4 D  Dsus2 D
Hey, you've got to hide your love away. ____
```

Flute solo

```
| G  Dsus4 Fadd9   C   G | C     Fadd9 C  |

| G  Dsus4 Fadd9   C   G | C     Fadd9 C  | G       ‖
```

The Weight

Words & Music by
Robbie Robertson

E   D   A   Asus⁴   C#m   E/G#   F#m

Intro | E | D | A   Asus⁴ ‖

Verse 1

    A   C#m
   I pulled into Nazareth,

       D   A   Asus⁴
Was feelin' about half past dead.

    A   C#m
   I just need some place

         D   A   Asus⁴
Where I can lay my head.

    A   C#m
   "Hey, mister, can you tell me

         D   A   Asus⁴
Where a man might find a bed?"

    A   C#m
   He just grinned and shook my hand,

  D   A Asus⁴
"No", was all he said.

Chorus 1

    A   E   D
   Take a load off Fanny,

    A   E   D
   Take a load for free.

    A   E   D
   Take a load off Fanny,

                  A E/G# F#m E | D   ‖
And you put the load right on me.

Verse 2

A   C#m
  I picked up my bag,

        D   A   Asus⁴
I went lookin' for a place to hide.

A   C#m
  When I saw Carmen and the Devil

D   A   Asus⁴
Walkin' side by side.

A   C#m
  I said, "Hey, Carmen,

        D   A   Asus⁴
Come on, let's go downtown."

A   C#m
  She said, "I gotta go,

        D   A   Asus⁴
But my friend can stick around."

Chorus 2   As Chorus 1

Verse 3

A   C#m
  Go down, Miss Moses,

        D   A   Asus⁴
There's nothin' you can say.

A   C#m
  It's just ol' Luke,

        D   A   Asus⁴
And Luke's waitin' on the Judgement Day.

A   C#m
  "Well, Luke, my friend,

        D   A   Asus⁴
What about young Anna Lee?"

A   C#m
  He said, "Do me a favour, son,

        D   A   Asus⁴
Won't ya stay an' keep Anna Lee company?"

Chorus 3   As Chorus 1

Verse 4

   A   **C♯m**
   Crazy Chester followed me,

     D   **A** **Asus⁴**
  And he caught me in the fog.

   A   **C♯m**
   He said, "I will fix your rack,

    D   **A** **Asus⁴**
  If you'll take Jack, my dog."

   A   **C♯m**
   I said, "Wait a minute, Chester,

     D   **A**   **Asus⁴**
  You know I'm a peaceful man."

   A   **C♯m**
   He said, "That's okay, boy,

     D   **A**   **Asus⁴**
  Won't you feed him when you can?"

Chorus 4   As Chorus 1

Link 1 | **A E/G♯ F♯m E** | **D**   ‖

Verse 5

   A   **C♯m**
   Catch a cannon ball now

    D   **A** **Asus⁴**
  To take me down the line.

   A   **C♯m**
   My bag is sinkin' low

    D   **A** **Asus⁴**
  And I do believe it's time.

   A   **C♯m**
   To get back to Miss Fanny,

     D   **A**   **Asus⁴**
  You know she's the only one.

   A   **C♯m**
   Who sent me here

     D   **A**   **Asus⁴**
  With her regards for everyone.

Chorus 5   As Chorus 1

Outro | **A E/G♯ F♯m E** | **D**   ‖

8/06(59635)